suhrkamp taschenbuch 1054

Als »ein Volksstück und die Parodie dazu« bezeichnete Alfred Polgar Ödön von Horváths *Geschichten aus dem Wiener Wald*. Mit dem Kleist-Preis ausgezeichnet, wurde Horváths Volksstück 1931 an Max Reinhardts Deutschem Theater in Berlin unter der Regie von Heinz Hilpert uraufgeführt, »das bitterste, das böseste, das bitterböseste Stück neuerer Literatur«, wie Kurt Pinthus schrieb. In der ›New York Times‹ war zu lesen: »Mit diesem Stück hat sich Horváth einen Platz in der Reihe der besten zentraleuropäischen Dramatiker gesichert und wird nicht mehr übersehen werden können.« Die rechtsradikale Presse nannte *Geschichten aus dem Wiener Wald* eine »beispiellose Unverschämtheit«, eine »dramatische Verunglimpfung des alten Österreich-Ungarn«, ein »Machwerk«, ein »Unflat ersten Ranges«. Ödön von Horváth sagte in einem Interview: »Man wirft mir vor, ich sei zu derb, zu ekelhaft, zu unheimlich, zu zynisch und was es dergleichen noch an soliden, gediegenen Eigenschaften gibt – und man übersieht dabei, daß ich doch kein anderes Bestreben habe, als die Welt so zu schildern, wie sie halt leider ist . . .«

Die neue Edition der Werke Ödön von Horváths trennt die Theaterstücke von den Prosawerken und ordnet die Texte dann in der von Horváth vorgelegten Fassung chronologisch an. Den heutigen Forschungsstand berücksichtigende Erläuterungen und eine editorische Notiz ergänzen jeden Band.

Band 1: *Zur schönen Aussicht und andere Stücke*
Band 2: *Sladek*
Band 3: *Italienische Nacht*
Band 4: *Geschichten aus dem Wiener Wald*
Band 5: *Kasimir und Karoline*
Band 6: *Glaube Liebe Hoffnung*
Band 7: *Eine Unbekannte aus der Seine und andere Stücke*
Band 8: *Figaro läßt sich scheiden*
Band 9: *Don Juan kommt aus dem Krieg*
Band 10: *Der jüngste Tag und andere Stücke*
Band 11: *Sportmärchen und andere Prosa*
Band 12: *Der ewige Spießer*
Band 13: *Jugend ohne Gott*
Band 14: *Ein Kind unserer Zeit*
Band 15: *Skizzen und Fragmente*

Ödön von Horváth
Gesammelte Werke

Kommentierte Werkausgabe in Einzelbänden
Herausgegeben von Traugott Krischke
unter Mitarbeit von Susanna Foral-Krischke

Band 4

Ödön von Horváth
Geschichten
aus dem Wiener Wald

Suhrkamp

suhrkamp taschenbuch 1054
Erste Auflage 1986
© für diese Ausgabe Suhrkamp Verlag
Frankfurt am Main 1986
Suhrkamp Taschenbuch Verlag
Alle Rechte vorbehalten, insbesondere das
des öffentlichen Vortrags, der Übertragung
durch Rundfunk und Fernsehen
sowie der Übersetzung, auch einzelner Teile.
Alle Aufführungs-, Sende- und Übersetzungsrechte
für »Geschichten aus dem Wiener Wald« liegen ausschließlich
beim Thomas Sessler Verlag, Wien und München
Satz: LibroSatz, Kriftel
Druck: Ebner Ulm · Printed in Germany
Umschlag nach Entwürfen von
Willy Fleckhaus und Rolf Staudt

2 3 4 5 6 – 91 90 89 88

Inhalt

Geschichten aus dem Wiener Wald

Volksstück in sieben Bildern

Nichts gibt so sehr das Gefühl der
Unendlichkeit als wie die Dummheit.

Personen: Zauberkönig · Marianne · Oskar · Mathilde · Alfred · Der Rittmeister · Erich · Havlitschek · Eine gnädige Frau · Erste Tante · Zweite Tante · Ida · Ein Kretin · Beichtvater · Emma · Der Mister · Der Conférencier · Die Großmutter · Die Mutter · Die Tochter · Erwachsene und Kinder.

Das Stück spielt in unseren Tagen, und zwar in Wien und im Wiener Wald.

Erstes Bild

Stille Straße im achten Bezirk.
Von links nach rechts: Oskars gediegene Fleischhauerei
mit halben Rindern und Kälbern, Würsten, Schinken und
Schweinsköpfen in der Auslage. Daneben eine Puppenkli-
nik mit Firmenschild »Zum Zauberkönig« – – mit Scherz-
artikeln, Totenköpfen, Puppen, Spielwaren, Raketen,
Zinnsoldaten und einem Skelett im Fenster. Endlich: eine
kleine Tabak-Trafik mit Zeitungen, Zeitschriften und An-
sichtspostkarten vor der Türe. Über der Puppenklinik
befindet sich ein Balkon mit Blumen, der zur Privatwoh-
nung des Zauberkönigs gehört.

OSKAR *mit weißer Schürze; er steht in der Türe seiner*
Fleischhauerei und manikürt sich mit seinem Taschen-
messer; ab und zu lauscht er, denn im zweiten Stock
spielt jemand auf einem ausgeleierten Klavier die »Ge-
schichten aus dem Wiener Wald« von Johann Strauß.

IDA *ein elfjähriges herziges mageres Mäderl, verläßt mit*
ihrer Markttasche die Fleischhauerei und will nach
rechts ab, hält aber vor der Puppenklinik und betrach-
tet die Auslage.

HAVLITSCHEK *der Gehilfe Oskars, ein Riese mit blutigen*
Händen und ebensolcher Schürze, erscheint in der Türe
der Fleischhauerei; er frißt eine kleine Wurst und ist
wütend: Dummes Luder, dummes – –

OSKAR Wer?

HAVLITSCHEK *deutet mit seinem langen Messer auf Ida:*
Das dort! Sagt das dumme Luder nicht, daß meine
Blutwurst nachgelassen hat – – meiner Seel, am liebsten
tät ich sowas abstechen, und wenn es dann auch mit
dem Messer in der Gurgel herumrennen müßt, wie die
gestrige Sau, dann tät mich das nur freuen!

OSKAR *lächelt:* Wirklich?

IDA *fühlt Oskars Blick, es wird ihr unheimlich; plötzlich rennt sie nach rechts ab.*

HAVLITSCHEK *lacht.*

RITTMEISTER *kommt von links; er ist bereits seit dem Zusammenbruch pensioniert und daher in Zivil; jetzt grüßt er Oskar.*

OSKAR UND HAVLITSCHEK *verbeugen sich – – und der Walzer ist aus.*

RITTMEISTER Also das muß ich schon sagen: die gestrige Blutwurst – – Kompliment! First class!

OSKAR Zart, nicht?

RITTMEISTER Ein Gedicht!

OSKAR Hast du gehört, Havlitschek?

RITTMEISTER Ist er derjenige welcher?

HAVLITSCHEK Melde gehorsamst ja, Herr Rittmeister!

RITTMEISTER Alle Achtung!

HAVLITSCHEK Herr Rittmeister sind halt ein Kenner. Ein Weltmann.

RITTMEISTER *zu Oskar:* Ich bin seinerzeit viel in unserer alten Monarchie herumtransferiert worden, aber ich muß schon sagen: Niveau. Niveau!

OSKAR Ist alles nur Tradition, Herr Rittmeister!

RITTMEISTER Wenn Ihr armes Mutterl selig noch unter uns weilen würde, die hätt eine Freude an ihrem Sohn.

OSKAR *lächelt geschmeichelt:* Es hat halt nicht sollen sein, Herr Rittmeister.

RITTMEISTER Wir müssen alle mal fort.

OSKAR Heut vor einem Jahr ist sie fort.

RITTMEISTER Wer?

OSKAR Meine Mama, Herr Rittmeister. Nach dem Essen um halbdrei – – da hatte sie unser Herrgott erlöst.
Stille.

RITTMEISTER Ist denn das schon ein Jahr her?

Stille.

OSKAR Entschuldigens mich bitte, Herr Rittmeister, aber ich muß mich jetzt noch in Gala werfen – – für die Totenmess. *Ab.*

RITTMEISTER *reagiert nicht; ist anderswo.*

Stille.

RITTMEISTER Wieder ein Jahr – – Bis zwanzig gehts im Schritt, bis vierzig im Trab, und nach vierzig im Galopp – –

Stille.

HAVLITSCHEK *frißt nun wieder:* Das ist ein schönes Erdbegräbnis gewesen von der alten gnädigen Frau.

RITTMEISTER Ja, es war sehr gelungen – – *Er läßt ihn stehen und nähert sich der Tabak-Trafik; hält einen Augenblick vor dem Skelett der Puppenklinik; jetzt spielt wieder jemand im zweiten Stock, und zwar den Walzer »Über den Wellen«.*

HAVLITSCHEK *sieht dem Rittmeister nach, spuckt die Wursthaut aus und zieht sich zurück in die Fleischhauerei.*

MATHILDE *eine hergerichtete Fünfzigerin, erscheint in der Türe ihrer Tabak-Trafik.*

RITTMEISTER *grüßt.*

MATHILDE *dankt.*

RITTMEISTER Dürft ich mal die Ziehungsliste?

MATHILDE *reicht sie ihm aus dem Ständer vor der Tür.*

RITTMEISTER Küßdiehand! *Er vertieft sich in die Ziehungsliste; plötzlich bricht der Walzer ab, mitten im Takt.*

MATHILDE *schadenfroh:* Was haben wir denn gewonnen, Herr Rittmeister? Das große Los?

RITTMEISTER *reicht ihr die Ziehungsliste wieder zurück:* Ich hab überhaupt noch nie was gewonnen, liebe Frau Mathild. Weiß der Teufel, warum ich spiel! Höchstens, daß ich meinen Einsatz herausbekommen hab.

MATHILDE Das ist das Glück in der Liebe.

RITTMEISTER Gewesen, gewesen!

MATHILDE Aber Herr Rittmeister! Mit dem Profil!

RITTMEISTER Das hat nicht viel zu sagen – – wenn man nämlich ein wählerischer Mensch ist. Und eine solche Veranlagung ist eine kostspielige Charaktereigenschaft. Wenn der Krieg nur vierzehn Tag länger gedauert hätt, dann hätt ich heut meine Majorspension.

MATHILDE Wenn der Krieg vierzehn Tag länger gedauert hätt, dann hätten wir gesiegt.

RITTMEISTER Menschlichem Ermessen nach – –

MATHILDE Sicher. *Ab in ihre Tabak-Trafik.*

MARIANNE *begleitet eine gnädige Frau aus der Puppenklinik – – jedesmal, wenn diese Ladentüre geöffnet wird, ertönt statt eines Klingelzeichens ein Glockenspiel.*

RITTMEISTER *blättert nun in einer Zeitung und horcht.*

DIE GNÄDIGE FRAU Also ich kann mich auf Sie verlassen?

MARIANNE Ganz und gar, gnädige Frau! Wir haben doch hier das erste und älteste Spezialgeschäft im ganzen Bezirk – – gnädige Frau bekommen die gewünschten Zinnsoldaten, garantiert und pünktlich!

DIE GNÄDIGE FRAU Also nochmals, nur damit keine Verwechslungen entstehen: drei Schachteln Schwerverwundete und zwei Schachteln Fallende – – auch Kavallerie bitte, nicht nur Infanterie – – und daß ich sie nur übermorgen früh im Haus hab, sonst weint der Bubi. Er hat nämlich am Freitag Geburtstag und er möcht doch schon so lang Sanitäter spielen – –

MARIANNE Garantiert und pünktlich, gnädige Frau! Vielen Dank, gnädige Frau!

DIE GNÄDIGE FRAU Also Adieu! *Ab nach links.*

DER ZAUBERKÖNIG *erscheint auf seinem Balkon; in Schlafrock und mit Schnurrbartbinde:* Marianne! Bist du da?

MARIANNE Papa?

ZAUBERKÖNIG Wo stecken denn meine Sockenhalter?

MARIANNE Die rosa oder die beige?

ZAUBERKÖNIG Ich hab doch nurmehr die rosa!

MARIANNE Im Schrank links oben rechts hinten.

ZAUBERKÖNIG Links oben rechts hinten. Difficile est, satiram non scribere. *Ab.*

RITTMEISTER *zu Marianne:* Immer fleißig, Fräulein Marianne! Immer fleißig!

MARIANNE Arbeit schändet nicht, Herr Rittmeister.

RITTMEISTER Im Gegenteil. Apropos: wann darf man denn gratulieren?

MARIANNE Zu was denn?

RITTMEISTER Na zur Verlobung.

ZAUBERKÖNIG *erscheint wieder auf dem Balkon:* Marianne!

RITTMEISTER Habe die Ehre, Herr Zauberkönig!

ZAUBERKÖNIG Habe die Ehre, Herr Rittmeister! Marianne. Zum letzten Mal: wo stecken meine Sockenhalter?

MARIANNE Wo sie immer stecken.

ZAUBERKÖNIG Was ist das für eine Antwort, bitt ich mir aus! Einen Ton hat dieses Ding an sich! Herzig! Zum leiblichen Vater! Wo meine Sockenhalter immer stecken, dort stecken sie nicht.

MARIANNE Dann stecken sie in der Kommod.

ZAUBERKÖNIG Nein.

MARIANNE Dann im Nachtkastl.

ZAUBERKÖNIG Nein!

MARIANNE Dann bei deinen Unterhosen.

ZAUBERKÖNIG Nein!

MARIANNE Dann weiß ich es nicht.

ZAUBERKÖNIG Jetzt frag ich aber zum allerletzten Mal: wo stecken meine Sockenhalter!

MARIANNE Ich kann doch nicht zaubern!

ZAUBERKÖNIG *brüllt sie an:* Und ich kann doch nicht mit rutschende Strümpf in die Totenmess! Weil du meine Garderob verschlampst! Jetzt komm aber nur rauf und such du! Aber avanti, avanti!

MARIANNE *ab in die Puppenklinik – – und jetzt wird der Walzer »Über den Wellen« wieder weiter gespielt.*

ZAUBERKÖNIG *lauscht.*

RITTMEISTER Wer spielt denn da?

ZAUBERKÖNIG Das ist eine Realschülerin im zweiten Stock – – ein talentiertes Kind ist das.

RITTMEISTER Ein musikalisches.

ZAUBERKÖNIG Ein frühentwickeltes – –
Er summt mit, riecht an den Blumen und genießt ihren Duft.

RITTMEISTER Es wird Frühling, Herr Zauberkönig.

ZAUBERKÖNIG Endlich! Selbst das Wetter ist verrückt geworden!

RITTMEISTER Das sind wir alle.

ZAUBERKÖNIG Ich nicht.
Pause.

ZAUBERKÖNIG Elend sind wir dran, Herr Rittmeister, elend. Nicht einmal einen Dienstbot kann man sich halten. Wenn ich meine Tochter nicht hätt – –

OSKAR *kommt aus seiner Fleischhauerei; in Schwarz und mit Zylinder; er zieht sich soeben schwarze Glacéhandschuhe an.*

ZAUBERKÖNIG Ich bin gleich fertig, Oskar! Die liebe Mariann hat nur wiedermal meine Sockenhalter verhext!

RITTMEISTER Herr Zauberkönig! Dürft ich mir erlauben, Ihnen meine Sockenhalter anzubieten? Ich trag nämlich auch Strumpfbänder, neuerdings – –

ZAUBERKÖNIG Zu gütig! Küßdiehand! Aber Ordnung muß

16

sein! Die liebe Mariann wird sie schon wieder herhexen!

RITTMEISTER Der Herr Bräutigam in spe können sich gratulieren.

OSKAR *lüftet den Zylinder und verbeugt sich leicht.*

ZAUBERKÖNIG Wenns Gott mir vergönnt, ja.

RITTMEISTER Mein Kompliment, die Herren! *Ab – – und
nun ist der Walzer aus.*

MARIANNE *erscheint auf dem Balkon mit den rosa Sockenhaltern:* Hier hab ich jetzt deine Sockenhalter.

ZAUBERKÖNIG Na also!

MARIANNE Du hast sie aus Versehen in die Schmutzwäsch
geworfen – – und ich hab jetzt das ganze schmutzige
Zeug durchwühlen müssen.

ZAUBERKÖNIG Na sowas! *Er lächelt väterlich und kneift
sie in die Wange.* Brav, brav. Unten steht der Oskar.
Ab.

OSKAR Marianne! Marianne!

MARIANNE Ja?

OSKAR Willst du denn nicht herunterkommen?

MARIANNE Das muß ich sowieso. *Ab.*

HAVLITSCHEK *erscheint in der Tür der Fleischhauerei;
wieder fressend:* Herr Oskar. Was ich noch hab sagen wollen – – geh bittschön betens auch in meinem
Namen ein Vaterunser für die arme gnädige Frau Mutter selig.

OSKAR Gern, Havlitschek.

HAVLITSCHEK Ich sage dankschön, Herr Oskar. *Ab.*

MARIANNE *tritt aus der Puppenklinik.*

OSKAR Ich bin so glücklich, Mariann. Bald ist das Jahr der
Trauer ganz vorbei und morgen leg ich meinen Flor ab.
Und am Sonntag ist offizielle Verlobung und Weihnach-

ten Hochzeit – – Ein Bussi, Mariann, ein Vormittagsbussi – –.

MARIANNE *gibt ihm einen Kuß, fährt aber plötzlich zurück:* Au! Du sollst nicht immer beißen!

OSKAR Hab ich denn jetzt?

MARIANNE Weißt du denn das nicht?

OSKAR Also ich hätt jetzt geschworen – –

MARIANNE Daß du mir immer weh tun mußt.

Stille.

OSKAR Böse?

Stille.

OSKAR Na?

MARIANNE Manchmal glaub ich schon, daß du es dir herbeisehnst, daß ich ein böser Mensch sein soll – –

OSKAR Marianne! Du weißt, daß ich ein religiöser
Mensch bin und daß ich es ernst nehme mit den christlichen Grundsätzen!

MARIANNE Glaubst du vielleicht, ich glaub nicht an Gott?
Ph!

OSKAR Ich wollte dich nicht beleidigen. Ich weiß, daß du
mich verachtest.

MARIANNE Was fällt dir ein, du Idiot!

Stille.

OSKAR Du liebst mich also nicht?

MARIANNE Was ist Liebe?

Stille.

OSKAR Was denkst du jetzt?

MARIANNE Oskar. Wenn uns etwas auseinanderbringen
kann, dann bist es du. Du sollst nicht immer so herumbohren in mir, bitte – –

OSKAR Jetzt möcht ich in deinen Kopf hineinsehen können, ich möcht dir mal die Hirnschale herunter und
nachkontrollieren, was du da drinnen denkst – –

MARIANNE Aber das kannst du nicht.

OSKAR Man ist und bleibt allein.

Stille.

OSKAR *holt aus seiner Tasche eine Bonbonnière hervor:*
Darf ich dir diese Bonbons, ich hab sie jetzt ganz vergessen, die im Goldpapier sind mit Likör – –

MARIANNE *steckt sich mechanisch ein großes Bonbon in den Mund.*

ZAUBERKÖNIG *tritt rasch aus der Puppenklinik; auch in Schwarz und mit Zylinder:* Also da sind wir. Was hast du da? Schon wieder Bonbons? Aufmerksam, sehr aufmerksam! *Er kostet.* Ananas! Prima! Na was sagst du zu deinem Bräutigam? Zufrieden?

MARIANNE *rasch ab in die Puppenklinik.*

ZAUBERKÖNIG *verdutzt:* Was hat sie denn?

OSKAR Launen.

ZAUBERKÖNIG Übermut! Es geht ihr zu gut!

OSKAR Komm, wir haben keine Zeit, Papa – – die Messe – –

ZAUBERKÖNIG Aber eine solche Benehmität! Ich glaub gar, daß du sie mir verwöhnst – – also nur das nicht, lieber Oskar! Das rächt sich bitter! Was glaubst du, was ich auszustehen gehabt hab in meiner Ehe? Und warum? Nicht weil meine Gemahlin ein bissiges Mistvieh war, sondern weil ich zu vornehm war, Gott hab sie selig! Nur niemals die Autorität verlieren! Abstand wahren! Patriarchat, kein Matriarchat! Kopf hoch! Daumen runter! Ave Caesar, morituri te salutant!

Ab mit Oskar.

Jetzt spielt die Realschülerin im zweiten Stock den Walzer »In lauschiger Nacht« von Ziehrer.

MARIANNE *erscheint nun in der Auslage und arrangiert – – sie bemüht sich besonders um das Skelett.*

ALFRED *kommt von links, erblickt Marianne von hinten, hält und betrachtet sie.*

MARIANNE *dreht sich um – – erblickt Alfred und ist fast fasziniert.*

ALFRED *lächelt.*

MARIANNE *lächelt auch.*

ALFRED *grüßt charmant.*

MARIANNE *dankt.*

ALFRED *nähert sich der Auslage.*

MATHILDE *steht nun in der Tür ihrer Tabak-Trafik und beobachtet Alfred.*

ALFRED *trommelt an die Fensterscheibe.*

MARIANNE *sieht ihn plötzlich erschrocken an; läßt rasch den Sonnenvorhang hinter der Fensterscheibe herab – – und der Walzer bricht wieder ab, mitten im Takt.*

ALFRED *erblickt Mathilde.*

Stille.

MATHILDE Wohin?

ALFRED Zu dir, Liebling.

MATHILDE Was hat man denn in der Puppenklinik verloren?

ALFRED Ich wollte dir ein Pupperl kaufen.

MATHILDE Und an sowas hängt man sein Leben.

ALFRED Pardon!

Stille.

ALFRED *krault Mathilde am Kinn.*

MATHILDE *schlägt ihm auf die Hand.*

Stille.

ALFRED Wer ist denn das Fräulein da drinnen?

MATHILDE Das geht dich einen Dreck an.

ALFRED Das ist sogar ein sehr hübsches Fräulein.

MATHILDE Haha.

ALFRED Ein schöngewachsenes Fräulein. Daß ich dieses

Fräulein noch nie gesehen habe – – das ist halt die Tücke des Objekts.

MATHILDE Na und?

ALFRED Also ein für allemal: lang halt ich jetzt aber deine hysterischen Eifersüchteleien nicht mehr aus! Ich laß mich nicht tyrannisieren! Das hab ich doch schon gar nicht nötig!

MATHILDE Wirklich?

ALFRED Glaub nur ja nicht, daß ich auf dein Geld angewiesen bin!

Stille.

MATHILDE Ja, das wird wohl das Beste sein – –

ALFRED Was?

MATHILDE Das wird das Beste sein für uns beide, daß wir uns trennen.

ALFRED Aber dann endlich! Und im Guten! Und dann mußt du auch konsequent bleiben – – – – Da. Das bin ich dir noch schuldig. Zähls nach, bitte!

MATHILDE *zählt mechanisch das Geld.*

ALFRED Wir haben in Saint-Cloud nichts verloren und in Le Tremblay gewonnen. Außenseiter. Der Hierlinger Ferdinand hat mir gesagt, also das ist schon genial, was ich da treib, und ich bin eine Rennplatzkapazität.

Stille.

ALFRED Siehst du, jeder Mensch hat Licht- und Schattenseiten, das ist normal. Und ich kann dir nur flüstern: eine rein menschliche Beziehung wird erst dann echt, wenn man was voneinander hat. Alles andere ist larifari. Und in diesem Sinne bin ich auch dafür, daß wir jetzt unsere freundschaftlich-geschäftlichen Beziehungen nicht deshalb abbrechen, weil die anderen für uns ungesund sind – – Was schaust mich denn so intelligent an? *Er brüllt sie an.* Einen anderen Kopf, bitte!

Stille.

ALFRED Was mach ich denn aus deinem Ruhegehalt, Frau Kanzleiobersekretärswitwe? Das Gehalt eines aktiven Ministerialdirigenten erster Klasse. Was ist denn schon wieder los?

MATHILDE Ich hab jetzt nur an das Grab gedacht.

ALFRED An was für ein Grab?

MATHILDE An sein Grab. Immer wenn ich das hör: Frau Kanzleiobersekretär – – dann muß ich an sein Grab denken.

Stille.

MATHILDE Ich kümmer mich zu wenig um das Grab. Meiner Seel, ich glaub, es ist ganz verwildert – –

ALFRED Mathild. Wenn ich morgen in Maisons-Laffitte gewinn, dann lassen wir sein Grab mal gründlich herrichten. Halb und halb.

MATHILDE *küßt plötzlich seine Hand.*

ALFRED Nein, nicht so – – *Er nimmt ihr wieder das Geld ab.* Was? Du weinst?

MATHILDE *weinerlich:* Aber keine Idee – – *Sie betrachtet sich in ihrem Taschenspiegel.* Gott, bin ich wieder derangiert – – höchste Zeit, daß ich mich wiedermal rasier – – *Sie schminkt sich mit dem Lippenstift und summt dazu den Trauermarsch von Chopin.*

Ende des ersten Bildes

Zweites Bild

Am nächsten Sonntag im Wiener Wald.
Auf einer Lichtung am Ufer der schönen blauen Donau.
Der Zauberkönig und Marianne, Oskar, Mathilde, Alfred, einige entfernte Verwandte, unter ihnen Erich aus Kassel in Preußen, und kleine weißgekleidete häßliche Kinder machen einen gemeinsamen Ausflug.
Jetzt bilden sie gerade eine malerische Gruppe, denn sie wollen von Oskar fotografiert werden, der sich noch mit seinem Stativ beschäftigt – – dann stellt er sich selbst in Positur neben Marianne, maßen er ja mit einem Selbstauslöser arbeitet. Und nachdem dieser tadellos funktionierte, gerät die Gruppe in Bewegung.

ZAUBERKÖNIG Halt! Da capo! Ich glaub, ich hab gewackelt!

OSKAR Aber Papa!

ZAUBERKÖNIG Sicher ist sicher!

ERSTE TANTE Ach ja!

ZWEITE TANTE Das wär doch ewig schad!

ZAUBERKÖNIG Also da capo, da capo!

OSKAR Also gut! *Er beschäftigt sich wieder mit seinem Apparat – – und wieder funktioniert der Selbstauslöser tadellos.*

ZAUBERKÖNIG Ich danke!

DIE GRUPPE *löst sich allmählich auf.*

ERSTE TANTE Lieber Herr Oskar, ich hätt ein großes Verlangen – – geh möchtens nichtmal die Kinderl allein abfotografieren, die sind doch heut so herzig – –

OSKAR Aber mit Vergnügen! *Er gruppiert die Kinder und küßt die Kleinste.*

ZWEITE TANTE *zu Marianne:* Nein mit welcher Liebe er

das arrangiert – – Na wenn das kein braver Familien-
vater wird! Ein Kindernarr, ein Kindernarr! Unberufen!
Sie umarmt Marianne und gibt ihr einen Kuß.

MATHILDE *zu Alfred:* Also das ist der Chimborasso.

ALFRED Was für ein Chimborasso?

MATHILDE Daß du dich nämlich diesen Herrschaften hier
anschließt, wo du doch weißt, daß ich dabei bin – –
nach all dem, was zwischen uns passiert ist.

ALFRED Was ist denn passiert? Wir sind auseinander. Und
noch dazu als gute Kameraden.

MATHILDE Nein, du bist halt keine Frau – sonst würdest
du meine Gefühle anders respektieren.

ALFRED Was für Gefühle? Noch immer?

MATHILDE Als Frau vergißt man nicht so leicht. Es bleibt
immer etwas in einem drinnen, wenn du auch ein großer Gauner bist.

ALFRED Ich bitte dich, werde vernünftig.

MATHILDE *plötzlich gehässig:* Das würde dir so passen!
Stille.

ALFRED Darf sich der Gauner jetzt empfehlen?

MATHILDE Wer hat ihn denn hier eingeladen?

ALFRED Sag ich nicht.

MATHILDE Man kann sichs ja lebhaft vorstellen, nicht?

ALFRED *zündet sich eine Zigarette an.*

MATHILDE Wo hat man dich denn kennen gelernt? In der
Puppenklinik?

ALFRED Halts Maul.

ZAUBERKÖNIG *nähert sich Alfred mit Erich:* Was höre ich?
Die Herrschaften kennen sich noch nicht? Also darf ich
bekannt machen: das ist mein Neffe Erich, der Sohn
meines Schwippschwagers aus zweiter Ehe – – und das
ist Herr Zentner. Stimmts?

ALFRED Gewiß.

ZAUBERKÖNIG Herr von Zentner!

ERICH *mit Brotbeutel und Feldflasche am Gürtel:* Sehr erfreut!

ZAUBERKÖNIG Erich ist ein Student. Aus Dessau.

ERICH Aus Kassel, Onkel.

ZAUBERKÖNIG Kassel oder Dessau – – das verwechsle ich immer! *Er zieht sich zurück.*

ALFRED *zu Mathilde:* Ihr kennt euch schon?

MATHILDE Oh schon seit Ewigkeiten!

ERICH Ich hatte erst unlängst das Vergnügen. Wir hatten uns über das Burgtheater unterhalten und über den vermeintlichen Siegeszug des Tonfilms.

ALFRED Interessant! *Er verbeugt sich korrekt und zieht sich zurück; jetzt läßt eine Tante ihren Reisegrammophon singen: »Wie eiskalt ist dies Händchen«.*

ERICH *lauscht:* Bohème. Göttlicher Puccini!

MARIANNE *nun neben Alfred; sie lauscht:* Wie eiskalt ist dies Händchen – –

ALFRED Das ist Bohème.

MARIANNE Puccini.

MATHILDE *zu Erich:* Was kennen Sie denn für Operetten?

ERICH Aber das hat doch mit Kunst nichts zu tun!

MATHILDE *Geh, wie könnens denn nur so was sagen!*

ERICH Kennen Sie die Brüder Karamasow?

MATHILDE Nein.

ERICH Das ist Kunst.

MARIANNE *zu Alfred:* Ich wollte mal rhythmische Gymnastik studieren und dann hab ich von einem eigenen

Institut geträumt, aber meine Verwandtschaft hat keinen Sinn für sowas. Papa sagt immer, die finanzielle Unabhängigkeit der Frau vom Mann ist der letzte Schritt zum Bolschewismus.

ALFRED Ich bin kein Politiker, aber glauben Sie mir: auch die finanzielle Abhängigkeit des Mannes von der Frau führt zu nichts Gutem. Das sind halt so Naturgesetze.

MARIANNE Das glaub ich nicht.

OSKAR *fotografiert nun den Zauberkönig allein, und zwar in verschiedenen Posen; das Reisegrammophon hat ausgesungen.*

ALFRED Fotografiert er gern, der Herr Bräutigam?

MARIANNE Das tut er leidenschaftlich. Wir kennen uns schon seit acht Jahren.

ALFRED Wie alt waren Sie denn damals? Pardon, das war jetzt nur eine automatische Reaktion!

MARIANNE Ich war damals vierzehn!

ALFRED Pardon!

MARIANNE Er ist nämlich ein Jugendfreund von mir. Weil wir Nachbarskinder sind.

ALFRED Und wenn Sie jetzt keine Nachbarskinder gewesen wären?

MARIANNE Wie meinen Sie das?

ALFRED Ich meine, daß das halt alles Naturgesetze sind. Und Schicksal.
Stille.

MARIANNE Schicksal, ja. Eigentlich ist das nämlich gar nicht das, was man halt so Liebe nennt, vielleicht von seiner Seite aus, aber ansonsten – – *Sie starrt Alfred plötzlich an.* Nein, was sag ich da, jetzt kenn ich Sie ja noch kaum – – mein Gott, wie Sie das alles aus einem herausziehen – –

ALFRED Ich will gar nichts aus Ihnen herausziehen. Im Gegenteil.

Stille.

MARIANNE Können Sie hypnotisieren?

OSKAR *zu Alfred:* Pardon! *Zu Marianne.* Darf ich bitten?
*Er reicht ihr den Arm und geleitet sie unter eine schöne
alte Baumgruppe, wo sich die ganze Gesellschaft bereits
zum Picknick gelagert hat.*

ALFRED *folgt Oskar und Marianne und läßt sich ebenfalls
nieder.*

ZAUBERKÖNIG Über was haben wir denn gerade geplauscht?

ERSTE TANTE Über die Seelenwanderung.

ZWEITE TANTE Was ist denn das für ein Geschicht mit der
Seelenwanderung?

ERICH Das ist buddhistische Religionsphilosophie. Die
Buddhisten behaupten, daß die Seele eines verstorbenen
Menschen in ein Tier hineinfährt – – zum Beispiel in
einen Elefanten.

ZAUBERKÖNIG Verrückt!

ERICH Oder in eine Schlange.

ERSTE TANTE Pfui!

ERICH Wieso pfui? Das sind doch nur unsere kleinlichen
menschlichen Vorurteile! So laßt uns doch mal die geheime Schönheit der Spinnen, Käfer und Tausendfüßler – –

ZWEITE TANTE *unterbricht ihn:* Also nur nicht unappetitlich, bittschön!

ERSTE TANTE Mir ist schon übel – –

ZAUBERKÖNIG Mir kann heut nichts den Appetit verderben! Solche Würmer gibts gar nicht!

MATHILDE Jetzt aber Schluß!

ZAUBERKÖNIG *erhebt sich und klopft mit dem Messer an
sein Glas:* Meine lieben Freunde! Zu guter Letzt war es
ja schon ein öffentliches Geheimnis, daß meine liebe

27

Tochter Mariann einen Blick auf meinen lieben Oskar geworfen hat – –

MATHILDE Bravo!

ZAUBERKÖNIG Silentium, gleich bin ich fertig, und nun haben wir uns hier versammelt, das heißt: ich hab Euch alle eingeladen, um einen wichtigen Abschnitt im Leben zweier blühender Menschenkinder einfach, aber würdig in einem kleinen, aber auserwählten Kreise zu feiern. Es tut mir nur heut in der Seele weh, daß Gott der Allmächtige es meiner unvergeßlichen Gemahlin, der Mariann ihrer lieben Mutterl selig, nicht vergönnt hat, diesen Freudentag ihres einzigen Kindes mitzuerleben. Ich weiß es aber ganz genau, sie steht jetzt sicher hinter einem Stern droben in der Ewigkeit und schaut hier auf uns herab. Und erhebt ihr Glas – – *er erhebt sein Glas* – – um ein aus dem Herzen kommendes Hoch auf das glückliche nunmehr und hiermit offiziell verlobte Paar – – das junge Paar, Oskar und Marianne, es lebe hoch! Hoch! Hoch!

ALLE Hoch! Hoch! Hoch!

IDA *jenes magere herzige Mäderl, das seinerzeit Havlitscheks Blutwurst beanstandet hatte, tritt nun weißgekleidet mit einem Blumenstrauß vor das verlobte Paar und rezitiert mit einem Sprachfehler:*

> Die Liebe ist ein Edelstein,
> Sie brennt jahraus, sie brennt jahrein
> Und kann sich nicht verzehren,
> Sie brennt, solang noch Himmelslicht
> In eines Menschen Aug sich bricht,
> Um drin sich zu verklären.

ALLE Bravo! Hoch! Gott wie herzig!

IDA *überreicht Marianne den Blumenstrauß mit einem Knix.*

ALLE *streicheln nun Ida und gratulieren dem verlobten*

Paar in aufgeräumtester Stimmung; das Reisegrammo-
phon spielt nun den Hochzeitsmarsch und der Zauber-
könig küßt Marianne auf die Stirne und Oskar auf den
Mund; dann wischt er sich die Tränen aus den Augen
und dann legt er sich in seine Hängematte.

ERICH *mit einer Feldflasche:* Oskar und Marianne! Ich
gestatte mir nun aus dieser Feldflasche auf Euer ganz
Spezielles zu trinken! Glück und Gesundheit und viele
brave deutsche Kinder! Heil!

MATHILDE *angeheitert:* Nur keine Neger! Heil!

ERICH Verzeihen, gnädige Frau, aber über diesen Punkt
vertrage ich keine frivolen Späße! Dieser Punkt ist mir
heilig, Sie kennen meine Stellung zum Rassenproblem.

MATHILDE Ein problematischer Mensch – – Halt! So bleibens doch da, Sie komplizierter Mann, Sie – –

ERICH Kompliziert. Wie meinen Sie das?

MATHILDE Interessant – –

ERICH Wieso?

MATHILDE Ja glaubens denn, daß ich die Juden mag? Sie
großes Kind – – *Sie hängt sich ein in das große Kind und*
schleift es fort; man lagert sich nun im Wald und die
kleinen Kindlein spielen und stören.

OSKAR *singt zur Laute:*
>Sei gepriesen, du lauschige Nacht,
>Hast zwei Herzen so glücklich gemacht
>Und die Rosen im folgenden Jahr
>Sahn ein Paar am Altar!
>Auch der Klapperstorch blieb nicht lang aus,
>Brachte klappernd den Segen ins Haus.
>Und entschwand auch der liebliche Mai,
>In der Jugend erblüht er neu!

Er spielt das Lied nochmal, singt aber nicht mehr,
sondern summt nur; auch alle anderen summen mit,
außer Alfred und Marianne.

ALFRED *nähert sich nämlich Marianne:* Darf man noch einmal gratulieren?

MARIANNE *schließt die Augen.*

ALFRED *küßt lange ihre Hand.*

OSKAR *hatte den Vorgang beobachtet. Übergab seine Laute der zweiten Tante, schlich sich heran und steht nun neben Marianne.*

ALFRED *korrekt:* Ich gratuliere!

OSKAR Danke.

ALFRED *verbeugt sich korrekt und will ab.*

OSKAR *sieht ihm nach:* Er beneidet mich um dich – – ein geschmackloser Mensch. Wer ist denn das überhaupt?

MARIANNE Ein Kunde.

OSKAR Schon lang?

MARIANNE Gestern war er da und wir sind ins Gespräch gekommen, nicht lang, und dann hab ich ihn gerufen. Er hat sich ein Gesellschaftsspiel gekauft.

MATHILDE *schrill:* Was soll das Pfand in meiner Hand?

ERICH Das soll dreimal Muh schreien!

MATHILDE Das ist die Tante Henriett, die Tante Henriett!

ERSTE TANTE *stellt sich in Positur und schreit:* Muh! Muh! Muh!

Großes Gelächter.

MATHILDE Und was soll das Pfand in meiner Hand?

ZAUBERKÖNIG Das soll dreimal Mäh schreien!

MATHILDE Das bist du selber!

ZAUBERKÖNIG Mäh! Mäh! Mäh!

Brüllendes Gelächter.

MATHILDE Und was soll das Pfand in meiner Hand?

ZWEITE TANTE Der soll etwas demonstrieren!

ERICH Was denn?

ZWEITE TANTE Was er kann!

MATHILDE Oskar! Hast du gehört, Oskar? Du sollst uns etwas demonstrieren!

ERICH Was du willst!

ZAUBERKÖNIG Was du kannst!

Stille.

OSKAR Meine Damen und Herren, ich werde Ihnen etwas sehr Nützliches demonstrieren, nämlich ich hab mich mit der japanischen Selbstverteidigungsmethode beschäftigt. Mit dem sogenannten Jiu-Jitsu. Und nun passens bitte auf, wie man seinen Gegner spielend kampfunfähig machen kann. – – *Er stürzt sich plötzlich auf Marianne und demonstriert an ihr seine Griffe.*

MARIANNE *stürzt zu Boden:* Au! Au! Au – –

ERSTE TANTE Nein dieser Rohling!

ZAUBERKÖNIG Bravo! Bravissimo!

OSKAR *zur ersten Tante:* Aber ich hab doch den Griff nur markiert, sonst hätt ich ihr doch das Rückgrat verletzt!

ERSTE TANTE Das auch noch!

ZAUBERKÖNIG *klopft Oskar auf die Schulter:* Sehr geschickt! Sehr einleuchtend!

ZWEITE TANTE *hilft Marianne beim Aufstehen:* Ein so zartes Frauerl – – Haben wir denn noch ein Pfand?

MATHILDE Leider! Schluß. Aus!

ZAUBERKÖNIG Dann hätt ich ein Projekt! Jetzt gehen wir alle baden! Hinein in die kühle Flut! Ich schwitz eh schon wie ein geselchter Aff!

ERICH Eine ausgezeichnete Idee!

MATHILDE Aber wo sollen sich denn die Damen entkleiden?

ZAUBERKÖNIG Nichts leichter als das! Die Damen rechts, die Herren links! Also auf Wiedersehen in unserer schönen blauen Donau!

Jetzt spielt das Reisegrammophon den Walzer »An der schönen blauen Donau«, und die Damen verschwinden rechts, die Herren links – – Mathilde und Alfred sind die letzten.

MATHILDE Alfred!

ALFRED Bitte?

MATHILDE *trällert die Walzermelodie nach und zieht sich ihre Bluse aus.*

ALFRED Nun?

MATHILDE *wirft ihm eine Kußhand zu.*

ALFRED Adieu!

MATHILDE Moment! Gefällt dem Herrn Baron das Fräulein Braut?

ALFRED *fixiert sie – – geht dann rasch auf sie zu und hält knapp vor ihr:* Hauch mich an.

MATHILDE Wie komm ich dazu!

ALFRED Hauch mich an!

MATHILDE *haucht ihn an.*

ALFRED Du Alkoholistin.

MATHILDE Das ist doch nur ein Schwips, den ich da hab, du Vegetarianer! Der Mensch denkt und Gott lenkt. Man feiert doch nicht alle Tag Verlobung – – und Entlobung, du Schweinehund – –

ALFRED Einen anderen Ton, wenn ich bitten darf!

MATHILDE Daß du mich nicht anrührst, daß du mich nicht anrührst – –

ALFRED Toll! Als hätt ich dich schon jemals angerührt.

MATHILDE Und am siebzehnten März?

Stille.

ALFRED Wie du dir alles merkst – –

MATHILDE Alles. Das Gute und das Böse – – *Sie hält sich plötzlich die Bluse vor.* Geh! Ich möcht mich jetzt ausziehen!

ALFRED Als hätt ich dich nicht schon so gesehen – –

MATHILDE *kreischt:* Schau mich nicht so an! Geh! Geh!

ALFRED Hysterische Kuh – – *Ab nach links.*

MATHILDE *allein, sieht ihm nach:* Luder. Mistvieh. Drecksau. Bestie. *Sie zieht sich aus.*

ZAUBERKÖNIG *taucht in Schwimmanzug hinter dem Busch
auf und sieht zu.*

MATHILDE *hat nun nur mehr das Hemd, Schlüpfer und
Strümpfe an; sie entdeckt den Zauberkönig:* Jesus Ma-
ria Josef! Oh du Hallodri! Mir scheint gar, du bist ein
Voyeur – –

ZAUBERKÖNIG Ich bin doch nicht pervers. Zieh dich nur
ruhig weiter aus.

MATHILDE Nein, ich hab doch noch mein Schamgefühl.

ZAUBERKÖNIG Geh in der heutigen Zeit!

MATHILDE Aber ich hab halt so eine verflixte Phantasie – –
Sie trippelt hinter einen Busch.

ZAUBERKÖNIG *läßt sich vor dem Busch nieder, entdeckt
Mathildens Korsett, nimmt es an sich und riecht daran:*
Mit oder ohne Phantasie – – diese heutige Zeit ist eine
verkehrte Welt! Ohne Treu, ohne Glauben, ohne sittliche Grundsätze. Alles wackelt, nichts steht mehr fest.
Reif für die Sintflut – – *Er legt das Korsett wieder beiseite, denn es duftet nicht gerade überwältigend.* Ich bin
nur froh, daß ich die Mariann angebracht hab, eine
Fleischhauerei ist immer noch solid – –

MATHILDENS STIMME Na und die Trafikantinnen?

ZAUBERKÖNIG Auch! Rauchen und fressen werden die Leut
immer – – aber zaubern? Wenn ich mich so mit der Zukunft beschäftig, da wirds mir manchmal ganz pessimistisch. Ich habs ja überhaupt nicht leicht gehabt in meinem Leben, ich muß ja nur an meine Frau selig denken – –
diese ewige Schererei mit den Spezialärzten – –

MATHILDE *erscheint nun im Badetrikot; sie beschäftigt
sich mit dem Schulterknöpfchen:* An was ist sie denn
eigentlich gestorben?

ZAUBERKÖNIG *stiert auf ihren Busen:* An der Brust.

MATHILDE Doch nicht Krebs?

ZAUBERKÖNIG Doch. Krebs.

MATHILDE Ach, die Ärmste.

ZAUBERKÖNIG Ich war auch nicht zu beneiden. Man hat ihr die linke Brust wegoperiert – – sie ist überhaupt nie gesund gewesen, aber ihre Eltern haben mir das verheimlicht – – Wenn ich dich daneben anschau: stattlich, also direkt königlich – – Eine königliche Person!

MATHILDE *macht nun Rumpfbeugen:* Was wißt ihr Mannsbilder schon von der Tragödie des Weibes? Wenn wir uns nicht so herrichten und pflegen täten – –

ZAUBERKÖNIG *unterbricht sie:* Glaubst du, ich muß mich nicht pflegen?

MATHILDE Das schon. Aber bei einem Herrn sieht man doch in erster Linie auf das Innere – – *Sie macht nun in rhythmischer Gymnastik.*

ZAUBERKÖNIG *sieht ihr zu und macht dann Kniebeugen.*

MATHILDE Hach, jetzt bin ich aber müd! *Sie wirft sich neben ihn hin.*

ZAUBERKÖNIG Der sterbende Schwan. *Er nimmt neben ihr Platz.*
Stille.

MATHILDE Darf ich meinen Kopf in deinen Schoß legen?

ZAUBERKÖNIG Auf der Alm gibts keine Sünd!

MATHILDE *tut es:* Die Erd ist nämlich noch hart – – heuer war der Winter lang.
Stille.

MATHILDE *leise:* Du. Gehts dir auch so? Wenn die Sonne auf meine Haut scheint, wirds mir immer so weißnicht-wie – –

ZAUBERKÖNIG Wie? Sags nur.
Stille.

MATHILDE Du hast doch zuvor mit meinem Korselett ge-
spielt?
Stille.
ZAUBERKÖNIG Na und?
MATHILDE Na und?
ZAUBERKÖNIG *wirft sich plötzlich über sie und küßt sie.*
MATHILDE Gott, was für ein Temperament – – das hätt
ich dir gar nicht zugetraut – – Du schlimmer Mensch,
du – –
ZAUBERKÖNIG Bin ich sehr schlimm?
MATHILDE Ja – – Nein, du! Halt, da kommt wer! *Sie ku-
geln auseinander.*
ERICH *kommt in Badehose mit einem Luftdruckgewehr:*
Verzeihung, Onkel! Du wirst es doch gestatten, wenn
ich es mir jetzt gestatte hier zu schießen?
ZAUBERKÖNIG Was willst du?
ERICH Schießen.
ZAUBERKÖNIG Du willst hier schießen?
ERICH Nach der Scheibe auf jener Buche dort. Übermor-
gen steigt nämlich das monatliche Preisschießen unse-
res akademischen Wehrverbandes und da möchte ich es
mir nur gestatten, mich etwas einzuschießen. Also darf
ich?
MATHILDE Natürlich!
ZAUBERKÖNIG Natürlich? *Zu Mathilde; er erhebt sich.*
Natürlich! Wehrverband! Sehr natürlich! Nur das
Schießen nicht verlernen – Ich geh mich jetzt abkühlen!
In unsere schöne blaue Donau! *Für sich.* Hängts euch
auf. *Ab.*

ERICH *ladet, zielt und schießt.*
MATHILDE *sieht ihm zu; nach dem dritten Schuß:* Pardon,
wenn ich Sie molestiere – – was studieren Sie eigentlich?
ERICH Jus. Drittes Semester. *Er zielt.* Arbeitsrecht. *Schuß.*

MATHILDE Arbeitsrecht. Ist denn das nicht recht langweilig?

ERICH *ladet:* Ich habe Aussicht, dereinst als Syndikus mein Unterkommen zu finden. *Er zielt.* In der Industrie. *Schuß.*

MATHILDE Und wie gefällt Ihnen unsere Wiener Stadt?

ERICH Herrliches Barock.

MATHILDE Und die süßen Wiener Maderln?

ERICH Offen gesagt: Ich kann mit jungen Mädchen nichts anfangen. Ich war nämlich schon mal verlobt und hatte nur bittere Enttäuschungen, weil Käthe eben zu jung war, um meinem Ich Verständnis entgegenbringen zu können. Bei jungen Mädchen verschwendet man seine Gefühle an die falsche Adresse. Dann schon lieber eine reifere Frau, die einem auch etwas geben kann. *Schuß.*

MATHILDE Wo wohnen Sie denn?

ERICH Ich möchte gerne ausziehen.

MATHILDE Ich hätt ein möbliertes Zimmer.

ERICH Preiswert?

MATHILDE Geschenkt.

ERICH Das träfe sich ja famos! *Schuß.*

MATHILDE Herr Syndikus – – geh lassens mich auch mal schießen – –

ERICH Mit Vergnügen!

MATHILDE Ganz meinerseits. *Sie nimmt ihm das Gewehr ab.* Waren Sie noch Soldat?

ERICH Leider nein – – ich bin doch Jahrgang 1911.

MATHILDE 1911 – – *Sie zielt lange.*

ERICH *kommandiert:* Stillgestanden! Achtung! Feuer!

MATHILDE *schießt nicht – – langsam läßt sie das Gewehr sinken und sieht ihn ernst an.*

ERICH Was denn los?

MATHILDE Au! *Sie krümmt sich plötzlich und wimmert.*
Ich hab so Stechen – –
Stille.
ERICH Kann ich Ihnen behilflich sein?
MATHILDE *reicht ihm das Gewehr zurück:* Da habens Ihr
Gewehr. Kommens! Ziehn wir uns lieber an! *Sie packt
ihn am Arm und ab mit ihm.*
ALFRED *in Bademantel und Strohhut; begegnet ihnen und
grüßt sarkastisch.*
*Nun ist die Sonne untergegangen, es dämmert und in
der Ferne spielt das Reisegrammophon den Frühlings-
stimmen-Walzer von Johann Strauß.*
MARIANNE *steigt aus der schönen blauen Donau und er-
kennt Alfred.*
Stille.
ALFRED Ich wußte es, daß Sie hier landen werden.
MARIANNE Woher wußten Sie das?
ALFRED Ich wußte es.
Stille.
MARIANNE Die Donau ist weich wie Samt – –
ALFRED Wie Samt.
MARIANNE Heut möcht ich weit fort – – Heut könnt man
im Freien übernachten.
ALFRED Leicht.
MARIANNE Ach, wir armen Kulturmenschen! Was haben
wir von unserer Natur!
ALFRED Was haben wir aus unserer Natur gemacht? Eine
Zwangsjacke. Keiner darf, wie er will.
MARIANNE Und keiner will, wie er darf.
Stille.
ALFRED Und keiner darf, wie er kann.
MARIANNE Und keiner kann, wie er soll – –
ALFRED *umarmt sie mit großer Gebärde und sie wehrt
sich mit keiner Faser – – ein langer Kuß.*

MARIANNE *haucht:* Ich habs gewußt, ich habs gewußt – –
ALFRED Ich auch.
MARIANNE Liebst du mich, wie du solltest – –?
ALFRED Das hab ich im Gefühl.
MARIANNE Ich auch – – *Und abermals ein langer Kuß.*
ALFRED Komm, setzen wir uns. *Sie setzen sich.*
  Stille.
MARIANNE Ich bin nur froh, daß du nicht dumm bist – –
  ich bin nämlich von lauter dummen Menschen umge-
  ben. Auch Papa ist kein Kirchenlicht – – und manchmal
  glaube ich sogar, er will sich durch mich an meinem
  armen Mutterl selig rächen. Die war nämlich sehr
  eigensinnig.
ALFRED Du denkst zuviel.
MARIANNE Jetzt gehts mir gut. Jetzt möcht ich singen.
  Immer, wenn ich traurig bin, möcht ich singen – *Sie*
  summt und verstummt wieder. Warum sagst du kein
  Wort?
  Stille.
ALFRED Liebst du mich?
MARIANNE Sehr.
ALFRED So wie du solltest? Ich meine, ob du mich ver-
  nünftig liebst?
MARIANNE Vernünftig?
ALFRED Ich meine, ob du keine Unüberlegtheiten machen
  wirst – – denn dafür könnt ich keine Verantwortung
  übernehmen.
MARIANNE Oh Mann grübl doch nicht – – grübl nicht,
  schau die Sterne – – die werden noch droben hängen,
  wenn wir drunten liegen – –
ALFRED Ich laß mich verbrennen.
MARIANNE Ich auch – – Du, oh du – – Du – –
  Stille.
MARIANNE Du – – wie der Blitz hast du in mich eingeschla-

gen und hast mich gehalten – – jetzt weiß ich es aber ganz genau.

ALFRED Was?

MARIANNE Daß ich ihn nicht heiraten werde – –

ALFRED Mariann!

MARIANNE Was hast du denn?

Stille.

ALFRED Ich hab kein Geld.

MARIANNE Oh warum sprichst du jetzt davon?!

ALFRED Weil das meine primitivste Pflicht ist! Noch nie in meinem Leben hab ich eine Verlobung zerstört und zwar prinzipiell! Lieben ja, aber dadurch zwei Menschen auseinanderbringen – – nein! Dazu fehlt mir das moralische Recht! Prinzipiell!

Stille.

MARIANNE Ich hab mich nicht getäuscht, du bist ein feiner Mensch. Jetzt fühl ich mich doppelt zu dir gehörig – Ich paß nicht zu Oskar und basta!

Es ist inzwischen finster geworden und nun steigen in der Nähe Raketen.

ALFRED Raketen. Deine Verlobungsraketen.

MARIANNE Unsere Verlobungsraketen.

ALFRED Sie werden dich suchen.

MARIANNE Sie sollen uns finden – – Bleib mir, du, dich hat mir der Himmel gesandt, mein Schutzengel – –

Jetzt gibt es bengalisches Licht – – blau, grün, gelb, rot – und beleuchtet Alfred und Marianne; und den Zauberkönig, der knapp vor ihnen steht mit der Hand auf dem Herz.

MARIANNE *schreit unterdrückt auf.*

Stille.

ALFRED *geht auf den Zauberkönig zu:* Herr Zauberkönig – –

ZAUBERKÖNIG *unterbricht ihn:* Schweigen Sie! Mir brau-

chen Sie nichts zu erklären, ich hab ja alles gehört – –
na, das ist ja ein gediegener Skandal! Am Verlobungstag – –! Nacket herumliegen! Küßdiehand! Mariann!
Zieh dich an! Daß nur der Oskar nicht kommt – – Jesus
Maria und ein Stückerl Josef!

ALFRED Ich trag natürlich sämtliche Konsequenzen, wenn
es sein muß.

ZAUBERKÖNIG Sie haben da gar nichts zu tragen! Sie haben
sich aus dem Staube zu machen, Sie Herr! Diese Verlobung darf nicht platzen, auch aus moralischen Gründen
nicht! Daß mir keine Seele was erfährt, Sie Halunk – –
Ehrenwort!

ALFRED Ehrenwort!

MARIANNE Nein!!

ZAUBERKÖNIG *unterdrückt:* Brüll nicht! Bist du daneben?
Zieh dich an, aber marsch-marsch! Du Badhur!

OSKAR *erscheint und überblickt die Situation:* Marianne!
Marianne!

ZAUBERKÖNIG Krach in die Melon!
Stille.

ALFRED Das Fräulein Braut haben bis jetzt geschwommen.

MARIANNE Lüg nicht! So lüg doch nicht! Nein, ich bin
nicht geschwommen, ich mag nicht mehr! Ich laß mich
von euch nicht mehr tyrannisieren. Jetzt bricht der
Sklave seine Fessel – – da! *Sie wirft Oskar den Verlobungsring ins Gesicht.* Ich laß mir mein Leben nicht
verhunzen, das ist mein Leben! Gott hat mir im letzten
Moment diesen Mann da zugeführt – – Nein, ich heirat
dich nicht, ich heirat dich nicht, ich heirat dich nicht!!
Meinetwegen soll unsere Puppenklinik verrecken, eher
heut als morgen!

ZAUBERKÖNIG Das einzige Kind! Das werd ich mir merken!

Stille; während zuvor Marianne geschrien hat, sind auch die übrigen Ausflügler erschienen und horchen interessiert und schadenfroh zu.

OSKAR *tritt zu Marianne:* Mariann. Ich wünsch dir nie, daß du das durchmachen sollst, was jetzt in mir vorgeht – – und ich werde dich auch noch weiter lieben, du entgehst mir nicht – – und ich danke dir für alles. *Ab. Stille.*

ZAUBERKÖNIG *zu Alfred:* Was sind Sie denn überhaupt?

ALFRED Ich?

MATHILDE Nichts. Nichts ist er.

ZAUBERKÖNIG Ein Nichts. Das auch noch. Ich habe keine Tochter mehr! *Ab mit den Ausflüglern – – Alfred und Marianne bleiben allein zurück; jetzt scheint der Mond.*

ALFRED Ich bitte dich um Verzeihung.

MARIANNE *reicht ihm die Hand.*

ALFRED Daß ich dich nämlich nicht hab haben wollen – – dafür trägt aber nur mein Verantwortungsgefühl die Verantwortung. Ich bin deiner Liebe nicht wert, ich kann dir keine Existenz bieten, ich bin überhaupt kein Mensch – –

MARIANNE Mich kann nichts erschüttern. Laß mich aus dir einen Menschen machen – – du machst mich so groß und weit – –

ALFRED Und du erhöhst mich. Ich werd ganz klein vor dir in seelischer Hinsicht.

MARIANNE Und ich geh direkt aus mir heraus und schau mir nach – – jetzt, siehst du, jetzt bin ich schon ganz weit fort von mir – – ganz dort hinten, ich kann mich kaum mehr sehen – – – – Von dir möcht ich ein Kind haben – –

Ende des zweiten Bildes

Drittes Bild

Im Stephansdom.
Vor dem Seitenaltar des heiligen Antonius kniet ein Kretin.
Drei Reihen hinter ihm kniet Marianne.
Alfred kommt leise.
Von einem Altar her erklingen die Klingelzeichen der heiligen Wandlung – – Marianne und der Kretin gehen in sich.
Stille.

ALFRED *leise:* Wirds noch lang dauern!

MARIANNE Wenn es dir zu lang dauert, dann laß mich allein.

ALFRED Das mußt du mir nicht zweimal sagen.
Stille.

MARIANNE So geh doch!

ALFRED Kannst es wohl kaum mehr erwarten, daß ich geh?

MARIANNE Nicht so laut! Wir sind doch nicht zuhaus!

DER KRETIN *dreht sich um und fixiert die Beiden; dann beschäftigt er sich wieder mit seinem Rosenkranz.*

ALFRED *kniet nieder neben Marianne und lächelt böse:* Du Jungfrau von Orleans.

MARIANNE So laß mich doch beten, bitte – –

ALFRED Was soll denn dieser neue Sport? Fühlst du dich nicht gut in deiner Haut?

MARIANNE Du vielleicht?
Stille.

ALFRED Auch dein heiliger Antonius von Padua wird mir keine Stellung verschaffen, merken Sie sich das, gnädiges Fräulein. Den heiligen Herrn möcht ich mal kennen lernen, der einen gewöhnlichen Sterblichen auch nur

42

einen Groschen verdienen läßt – – Halt! *Er packt Marianne, die sich erheben will, am Arm und drückt sie wieder in die Knie.*

MARIANNE Au!

DER KRETIN *beobachtet nun wieder die beiden – – während der ganzen folgenden Szene.*

ALFRED Wer hat mir denn die Rennplätz verleidet? Seit einem geschlagenen Jahr hab ich keinen Buchmacher mehr gesprochen, geschweige denn einen Fachmann – jetzt darf ich mich natürlich aufhängen! Neue Saisons, neue Favoriten! Zweijährige, dreijährige – – ich hab keinen Kontakt mehr zur neuen Generation. Und warum nicht? Weil ich statt des unmoralischen Toto ausgerechnet eine moralische Hautcrême vertrete, die keiner kauft, weil sie miserabel ist.

MARIANNE Die Leut haben halt kein Geld.

ALFRED Nimm nur die Leut in Schutz!

MARIANNE Ich mach dir doch keine Vorwürf, du kannst doch nichts dafür.

ALFRED Das wäre ja noch schöner!

MARIANNE Als ob ich was für die wirtschaftliche Krise könnt!

ALFRED Oh du exzentrische Person – – Wer hat mir denn den irrsinnigen Rat gegeben, als Kosmetikagent herumzurennen? Du! *Er erhebt sich.*
Stille.

MARIANNE Du hast mir mal gesagt, daß ich dich erhöh, in seelischer Hinsicht – –

ALFRED Das hab ich nie gesagt. Das kann ich gar nicht gesagt haben. Und wenn, dann hab ich mich getäuscht.

MARIANNE *schnellt entsetzt empor:* Alfred!

ALFRED Nicht so laut! Wir sind doch nicht zuhaus!

MARIANNE Ich hab so Angst, Alfred! – –

ALFRED Du siehst Gespenster.

MARIANNE Du, wenn du jetzt nämlich alles vergessen hast – –

DER KRETIN *grinst boshaft.*

ALFRED *deutet auf den Kretin:* Schau doch nur das blöde Luder – –

MARIANNE So laß doch den armen Trottel! *Sie weint leise vor sich hin.*

Stille.

ALFRED Ich für meine Person glaub ja nicht an ein Fortleben nach dem Tode, aber natürlich glaub ich an ein höheres Wesen, das gibt es nämlich sicher, sonst gäbs uns ja nicht. *Er streicht ihr über den Hut.* Beruhig dich, die Leut schaun ja schon – –

Stille.

MARIANNE *sieht ihn groß an:* Als ich noch klein gewesen bin, und wenn ich etwas verloren hab, dann hab ich nur gesagt: Heiliger Antonius, hilf mir doch! – und schon hab ich es wieder gefunden.

ALFRED Also leb wohl.

MARIANNE Du holst mich ab?

ALFRED Naturelement. Sicher. *Ab.*

MARIANNE *sieht ihm nach – – und allmählich entdeckt sie einen Beichtstuhl, dessen Konturen sich langsam aus der Finsternis lösen – – sie nähert sich ihm zögernd; die Glocken läuten und Kirchengänger gehen vorbei – – kleine Erstkommunikantinnen und alte Krüppel – – ein Ministrant löscht alle Kerzen am Antoniusaltar aus – und jetzt ist nurmehr der Beichtstuhl zu sehen, in dem Marianne kniet, alles übrige löst sich auf in der Finsternis; auch der Kretin ist verschwunden und nun schweigen die Glocken; es ist sehr still auf der Welt.*

BEICHTVATER *sieht Oskar Wilde ähnlich:* Also rekapitulie-

44

ren wir; du hast deinem armen alten Vater, der dich über alles liebt und der doch immer nur dein Bestes wollte, schmerzlichstes Leid zugefügt, Kummer und Sorgen, warst ungehorsam und undankbar – – hast deinen braven Bräutigam verlassen und hast dich an ein verkommenes Subjekt geklammert, getrieben von deiner Fleischeslust – – still! Das kennen wir schon! Und so lebst du mit jenem erbärmlichen Individuum ohne das heilige Sakrament der Ehe schon über das Jahr, und in diesem grauenhaften Zustand der Todsünde hast du dein Kind empfangen und geboren – – wann?

MARIANNE Vor acht Wochen.

BEICHTVATER Und du hast dieses Kind der Schande und der Sünde nicht einmal taufen lassen – – Sag selbst: kann denn bei all dem etwas Gutes herauskommen? Nie und nimmer! Doch nicht genug! Du bist nicht zurückgeschreckt und hast es sogar in deinem Mutterleib töten wollen – –

MARIANNE Nein, das war er! Nur ihm zulieb hab ich mich dieser Prozedur unterzogen!

BEICHTVATER Nur ihm zulieb?

MARIANNE Er wollte doch keine Nachkommen haben, weil die Zeiten immer schlechter werden und zwar voraussichtlich unabsehbar – – aber ich – – nein, das brennt mir in der Seele, daß ich es hab abtreiben wollen, ein jedesmal, wenn es mich anschaut – –
Stille.

BEICHTVATER Ist das Kind bei euch?

MARIANNE Nein.

BEICHTVATER Sondern?

MARIANNE Bei einer Familie. In Kost.

BEICHTVATER Sind das gottesfürchtige Leut?

MARIANNE Gewiß.
Stille.

BEICHTVATER Du bereust es also, daß du es hast töten
wollen?

MARIANNE Ja.

BEICHTVATER Und auch, daß du mit jenem entmenschten
Subjekt in wilder Ehe zusammenlebst?

Stille.

MARIANNE Ich dachte mal, ich hätte den Mann gefunden,
der mich ganz und gar ausfüllt. –

BEICHTVATER Bereust du es?

Stille

MARIANNE Ja.

BEICHTVATER Und daß du dein Kind im Zustand der
Todsünde empfangen und geboren hast – – bereust du
das?

Stille.

MARIANNE Nein. Das kann man doch nicht – –

BEICHTVATER Was sprichst du da?

MARIANNE Es ist doch immerhin mein Kind – –

BEICHTVATER Aber du – –

MARIANNE *unterbricht ihn:* Nein, das tu ich nicht – –
Nein, davor hab ich direkt Angst, daß ich es bereuen
könnt – – Nein, ich bin sogar glücklich, daß ich es hab,
sehr glücklich – –

Stille.

BEICHTVATER Wenn du nicht bereuen kannst, was willst
du dann von deinem Herrgott?

MARIANNE Ich dachte, mein Herrgott wird mir vielleicht
etwas sagen – –

BEICHTVATER Du kommst nur dann zu ihm, wenn es dir
schlecht geht?

MARIANNE Wenn es mir gut geht, dann ist Er ja bei mir – –
aber nein, das kann Er doch nicht von mir verlangen,
daß ich das bereu – – das wär ja wider jede Natur – –

BEICHTVATER So geh! Und komme erst mit dir ins reine,

ehe du vor unseren Herrgott trittst – – *Er schlägt das Zeichen des Kreuzes.*

MARIANNE Dann verzeihen Sie – – *Sie erhebt sich aus dem Beichtstuhl, der sich nun auch in der Finsternis auflöst – – und nun hört man das Gemurmel einer Litanei; allmählich kann man die Stimme des Vorbeters von den Stimmen der Gemeinde unterscheiden; Marianne lauscht – – die Litanei endet mit einem Vaterunser; Marianne bewegt die Lippen.*
Stille.

MARIANNE Amen – –
Stille.

MARIANNE Wenn es einen lieben Gott gibt – – was hast du mit mir vor, lieber Gott? – – – – Lieber Gott, ich bin im achten Bezirk geboren und hab die Bürgerschul besucht, ich bin kein schlechter Mensch – – hörst du mich? – – Was hast du mit mir vor, lieber Gott – – ? – –

Ende des dritten Bildes

Viertes Bild

Und wieder in der stillen Straße im achten Bezirk, vor Oskars Fleischhauerei, der Puppenklinik und Frau Mathildes Tabak-Trafik. Die Sonne scheint wie dazumal und auch die Realschülerin im zweiten Stock spielt noch immer die »Geschichten aus dem Wiener Wald« von Johann Strauß.

HAVLITSCHEK *steht in der Türe der Fleischhauerei und frißt Wurst.*

DAS FRÄULEIN EMMA *ein Mädchen für alles, steht mit einer Markttasche neben ihm; sie lauscht der Musik:* Herr Havlitschek – –

HAVLITSCHEK Ich bitte schön?

EMMA Musik ist doch etwas Schönes, nicht?

HAVLITSCHEK Ich könnt mir schon noch etwas Schöneres vorstellen, Fräulein Emma.

EMMA *summt leise den Walzer mit.*

HAVLITSCHEK Das tät nämlich auch von Ihnen abhängen, Fräulein Emma.

EMMA Mir scheint gar, Sie sind ein Casanova, Herr Havlitschek.

HAVLITSCHEK Sagens nur ruhig Ladislaus zu mir.
Pause.

EMMA Gestern hab ich von Ihrem Herrn Oskar geträumt.

HAVLITSCHEK Haben Sie sich nix Gscheiteres träumen können?

EMMA Der Herr Oskar hat immer so große melancholische Augen – – es tut einem direkt weh, wenn er einen anschaut – –

HAVLITSCHEK Das macht die Liebe.

EMMA Wie meinen Sie das jetzt?

HAVLITSCHEK Ich meine das jetzt so, daß er in ein nichts-
nutziges Frauenzimmer verliebt ist – die hat ihn nämlich sitzen lassen, schon vor anderthalb Jahr, und ist
sich mit einem andern Nichtsnutzigen auf und davon.

EMMA Und er liebt sie noch immer? Das find ich aber
schön.

HAVLITSCHEK Das find ich blöd.

EMMA Aber eine große Leidenschaft ist doch was Roman-
tisches –

HAVLITSCHEK Nein, das ist etwas Ungesundes! Schauns
doch nur, wie er ausschaut, er quält sich ja direkt
selbst – – es fällt ihm schon gar keine andere Frau mehr
auf, und derweil hat er Geld wie Heu und ist soweit auch
ein Charakter, der könnt doch für jeden Finger eine gute
Partie haben – – aber nein! Akkurat auf die läufige Bestie
hat er sich versetzt – – weiß der Teufel, was er treibt!

EMMA Wie meinen Sie das jetzt wieder, Herr Havlitschek?

HAVLITSCHEK Ich meine das so, daß man es nicht weiß, wo
er es hinausschwitzt.

EMMA Oh Sie garstiger Mann!
Pause.

HAVLITSCHEK Fräulein Emma. Morgen ist Feiertag und
ich bin an der Endhaltestelle von der Linie achtundsechzig.

EMMA Ich kann aber nicht vor drei.

HAVLITSCHEK Das soll kein Hindernis sein.
Pause.

EMMA Also um halbvier – – und vergessens aber nur ja
nicht, was Sie mir versprochen haben – – daß Sie nämlich nicht schlimm sein werden, lieber Ladislaus – – *Ab.*

HAVLITSCHEK *sieht ihr nach und spuckt die Wursthaut
aus:* Dummes Luder, dummes – –

OSKAR *tritt aus seiner Fleischhauerei:* Daß du es nur ja

nicht vergißt: wir müssen heut noch die Sau abstechen – – Stichs du, ich hab heut keinen Spaß daran.
Pause.

HAVLITSCHEK Darf ich einmal ein offenes Wörterl reden,
Herr Oskar?

OSKAR Dreht sichs um die Sau?

HAVLITSCHEK Es dreht sich schon um eine Sau, aber nicht
um dieselbe Sau – – Herr Oskar, bittschön nehmens
Ihnen das nicht so zu Herzen, das mit Ihrer gewesenen
Fräulein Braut, schauns, Weiber gibts wie Mist! Ein
jeder Krüppel findet ein Weib und sogar die Geschlechts-
kranken auch! Und die Weiber sehen sich ja in den
entscheidenden Punkten alle ähnlich, glaubens mir, ich
meine es ehrlich mit Ihnen! Die Weiber haben keine
Seele, das ist nur äußerliches Fleisch! Und man soll so
ein Weib auch nicht schonend behandeln, das ist ein
Versäumnis, sondern man soll ihr nur gleich das Maul
zerreißen oder so!
Pause.

OSKAR Das Weib ist ein Rätsel, Havlitschek. Eine Sphinx.
Ich hab mal der Mariann ihre Schrift zu verschiedenen
Graphologen getragen – – und der erste hat gesagt, also
das ist die Schrift eines Vampyrs, und der zweite hat
gesagt, das ist eine gute Kameradin, und der dritte hat
gesagt, das ist die ideale Hausfrau in persona. Ein
Engel.

RITTMEISTER *kommt von links und grüßt Oskar.*

OSKAR UND HAVLITSCHEK *verbeugen sich.*

RITTMEISTER Also das muß ich schon sagen: die gestrige
Blutwurst – Kompliment! First class!

HAVLITSCHEK Zart, nicht?

RITTMEISTER Ein Gedicht! *Er nähert sich der Tabak-
Trafik.*

HAVLITSCHEK *ab in die Fleischhauerei.*

MATHILDE *erscheint in der Tür ihrer Tabak-Trafik.*
RITTMEISTER *grüßt.*
MATHILDE *dankt.*
RITTMEISTER Dürft ich mal die Ziehungsliste?
MATHILDE *reicht sie ihm aus dem Ständer vor der Tür.*
RITTMEISTER Küßdiehand! *Er vertieft sich in die Zie-hungsliste und nun ist der Walzer aus.*

ERICH *tritt aus der Tabak-Trafik, grüßt Mathilde und will ab.*
MATHILDE Halt! Was hast du da?
ERICH Fünf Memphis.
MATHILDE Schon wieder? Raucht wie ein Erwachsener!
RITTMEISTER UND OSKAR *horchen.*
ERICH *gedämpft:* Wenn ich nicht rauche, kann ich nicht arbeiten. Wenn ich nicht arbeite, werde ich niemals Referendar – – und wenn ich das nicht werde, dann werde ich wohl kaum jemals in die Lage kommen, meine Schulden rückerstatten zu können.
MATHILDE Was für Schulden?
ERICH Das weißt du! Ich bin korrekt, Madame.
MATHILDE Du willst mir schon wieder weh tun?
ERICH Ehrensache! Ich zahle meine Schulden bis auf den letzten Pfennig – – und wenn ich auch hundert Jahr zahlen müßte! Wir lassen uns nichts nachsagen, Ehren-sache! Ich muß jetzt ins Kolleg! *Ab.*
MATHILDE *starrt ihm nach:* Mistvieh! Verbrecher. Ehren-sache. Bestie – –
RITTMEISTER UND OSKAR *grinsen, jeder für sich.*

ZAUBERKÖNIG *begleitet die gnädige Frau aus der Puppen-klinik.*

DIE GNÄDIGE FRAU Ich hatte hier schon mal Zinnsoldaten gekauft, vor gut anderthalb Jahr – – aber damals ist das ein sehr höfliches Fräulein gewesen.

ZAUBERKÖNIG *mürrisch:* Möglich.

DIE GNÄDIGE FRAU Das Fräulein Tochter?

ZAUBERKÖNIG Nein!

DIE GNÄDIGE FRAU Schad. Also Sie wollen mir die Schachtel Zinnsoldaten nicht nachbestellen?

ZAUBERKÖNIG Ich hab das Ihnen doch schon drinnen gesagt, daß mir diese Nachbestellerei vielzuviel Schreiberei macht – – wegen einer einzigen Schachtel! Kaufens doch dem herzigen Bams was ähnliches! Vielleicht eine gediegene Trompeten!

DIE GNÄDIGE FRAU Nein! Adieu! *Sie läßt ihn verärgert stehen und ab.*

ZAUBERKÖNIG Küßdiehand! Krepier! *Er nähert sich Oskar und spricht mit ihm.*

RITTMEISTER *zu Mathilde; boshaft:* Und wie gehts ansonsten, Frau Mathild?

MATHILDE *revanchiert sich:* Was haben wir denn wieder gewonnen, Herr Rittmeister?

RITTMEISTER *reicht ihr die Ziehungsliste zurück:* Es ist das ein Unrecht auf dieser Welt. Oder finden Sie das für in Ordnung, wie Seine Majestät der Herr Zauberkönig das Fräulein Mariann behandelt – – ich versteh sowas nicht. Wenn ich Großpapa wär – – und abgesehen davon, man kann doch leicht straucheln. Aber dann direkt verkommen lassen – –

MATHILDE Wissen Sie was Näheres, Herr Rittmeister?

RITTMEISTER Ich hab mal eine Frau Oberst gehabt, das heißt: das ganze Regiment hat sie gehabt – was sag ich da?! Sie war die Frau unseres Obersten – und der Oberst hatte ein uneheliches Kind mit einer vom Varieté, aber die Frau Oberst hat es in ihr Haus genommen, als wärs ihr eigen Fleisch und Blut, weil sie halt unfruchtbar war – – Aber wenn man daneben dieses zauberkönigliche Verhalten dort drüben betrachtet – – na servus!

MATHILDE Ich versteh Sie nicht, Herr Rittmeister. Was hat denn die Frau Oberst mit der Mariann zu tun?

RITTMEISTER Wir verstehen uns alle nicht mehr, liebe Frau Mathild! Oft verstehen wir uns schon selber nicht mehr. Ich sag ja: wenn Österreich-Ungarn den Krieg nicht verloren hätt – –

MATHILDE Wo steckt denn die Mariann?

RITTMEISTER *lächelt geheimnisvoll:* Das wird man schon nochmal offiziell bekannt geben – – im geeigneten Moment. Also habe die Ehre, Frau Mathild. *Ab.*

ZAUBERKÖNIG *zu Oskar:* Ja, ja, Europa muß sich schon einigen, denn beim nächsten Krieg gehen wir alle zugrund – – aber kann man sich alles bieten lassen?! Was sich da nur die Tschechen wieder herausnehmen! Ich sag dir heut: morgen gibts wieder einen Krieg! Und den muß es auch geben! Krieg wirds immer geben!

OSKAR Das schon. Aber das wär halt das Ende unserer Kultur.

ZAUBERKÖNIG Kultur oder nicht Kultur – – Krieg ist ein Naturgesetz! Akkurat wie die liebe Konkurrenz im geschäftlichen Leben! Ich für meine Person bin ja konkurrenzlos, weil ich ein Spezialgeschäft bin. Trotzdem geh ich zugrund. Ich kanns halt allein nicht mehr schaffen, mich macht schon jeder Käufer nervös – – Früher, da hab ich eine Frau gehabt, und wie die angefangen hat zu kränkeln, da ist die Mariann schon so groß gewesen – –

OSKAR Wie groß?

ZAUBERKÖNIG So groß.

Stille.

OSKAR Wenn ich Großpapa wär – –

ZAUBERKÖNIG *unterbricht ihn:* Ich bin aber kein Großpapa, bitt ich mir aus!

OSKAR Pardon!

Stille.

ZAUBERKÖNIG Apropos was ich noch hab sagen wollen:
du schlachst doch heut noch die Sau?

OSKAR Ich habs vor.

ZAUBERKÖNIG Geh reservier für mich ein schönes Stückerl
Nieren –

OSKAR Gern!

ZAUBERKÖNIG Küßdiehand! *Ab in seine Puppenklinik –
jetzt spielt die Realschülerin im zweiten Stock wieder,
und zwar den Walzer »Über den Wellen«.*

ALFRED *kommt langsam von links.*

OSKAR *wollte zurück in seine Fleischhauerei, erblickt nun
aber Alfred, der ihn nicht bemerkt, und beobachtet ihn
heimlich.*

ALFRED *hält vor der Puppenklinik, macht in Erinnerung –
dann stellt er sich vor die offene Türe der Tabak-Trafik
und starrt hinein.*

Pause.

ALFRED *grüßt.*

Pause.

MATHILDE *die während Oskar mit dem Zauberkönig dis-
kutierte, in ihre Tabak-Trafik verschwand, tritt nun
langsam in die Türe – – und der Walzer bricht wieder
ab, wieder mitten im Takt.*

Stille.

ALFRED Könnt ich fünf Memphis haben?

MATHILDE Nein.

Stille.

ALFRED Das ist aber doch hier eine Tabak-Trafik – – oder?

MATHILDE Oder.

54

Stille.

ALFRED Ich komm jetzt hier nur so vorbei, per Zufall – –

MATHILDE Ach!

ALFRED Ja.

Stille.

MATHILDE Und wie geht es denn dem Herrn Baron?

ALFRED So lala.

MATHILDE Ach! Und dem Fräulein Braut?

ALFRED Das ist nämlich aus. Schon seit Mitte Juni.

MATHILDE Ach!

Stille.

ALFRED Und dir gehts unberufen?

MATHILDE Man hat, was man braucht.

ALFRED Alles?

MATHILDE Alles. Er ist Jurist.

ALFRED Und sowas wird mal Richter.

MATHILDE Bitte?

ALFRED Ich gratulier.

MATHILDE Wo steckt denn das Fräulein Braut?

ALFRED Keine Ahnung.

MATHILDE Und der Bubi?

ALFRED Ich hab alles aus den Augen verloren.

Stille.

MATHILDE Also du bist schon ein grandioser Schuft, das muß dir dein größter Feind lassen.

ALFRED Mathild. Wer unter euch ohne Sünden ist, der werfe den ersten Stein auf mich.

MATHILDE Bist du krank?

ALFRED Nein. Nur müd. Und gehetzt. Man ist ja nicht mehr der Jüngste.

MATHILDE Seit wann denn?

ALFRED Ich war jetzt vier Wochen in Frankreich. In Nancy. Ich hab nämlich gedacht, daß ich vielleicht dort was Passenderes für mich bekommen werd in meinem

55

ursprünglichen Beruf, ich bin doch ursprünglich Kellner, und hier müßt ich heut unter mein Niveau hinunter – –

MATHILDE Und was machen denn die Pferde?

ALFRED Ich bin aus der Übung. Und dann fehlt mir das Kapital – –

MATHILDE Und wie sind denn die Französinnen?

ALFRED Wie sie alle sind. Undankbar.

Stille.

MATHILDE Wenn ich Zeit hab, werd ich dich bedauern.

ALFRED Du möchtest, daß es mir schlecht geht?

MATHILDE Gehts dir denn rosig?

ALFRED Möchst das hören?

Stille.

Ich bin jetzt hier nur so vorbeigegangen, per Zufall – – Der Mohr hat seine Schuldigkeit getan, der Mohr kann gehen – – *Ab – – und nun wird der Walzer »Über den Wellen« wieder weitergespielt.*

MATHILDE *erblickt Oskar:* Herr Oskar! Jetzt ratens doch mal, mit wem ich grad dischkuriert hab?

OSKAR Ich hab ihn gesehen.

MATHILDE So? Es geht ihnen schlecht.

OSKAR Ich hab alles gehört.

Pause.

MATHILDE Noch ist er stolz wie ein Spanier, dieser Hund – –

OSKAR Hochmut kommt vor den Fall – Arme Mariann – –

MATHILDE Mir scheint gar, Sie sind im Stand und heiraten noch die Mariann, jetzt nachdem sie wieder frei ist – –

OSKAR Wenn sie das Kind nicht hätt –

MATHILDE Wenn mir jemand das angetan hätt –

OSKAR Ich hab sie noch immer lieb – – vielleicht stirbt das Kind – –

MATHILDE Herr Oskar!

OSKAR Wer weiß! Gottes Mühlen mahlen langsam, mahlen aber furchtbar klein. Ich werd an meine Marianne denken – – ich nehme jedes Leid auf mich, wen Gott liebt, den prüft er – – Den straft er. Den züchtigt er. Auf glühendem Rost, in kochendem Blei – –

MATHILDE *schreit ihn an:* Hörens auf, seiens so gut!

OSKAR *lächelt.*

HAVLITSCHEK *kommt aus der Fleischhauerei:* Also was ist jetzt? Soll ich jetzt die Sau abstechen, oder nicht?

OSKAR Nein, Havlitschek. Ich werd sie jetzt schon abstechen, die Sau – – – –

Ende des vierten Bildes

Fünftes Bild

Beim Heurigen.
Mit Schrammelmusik und Blütenregen. Große weinselige
Stimmung – und mittendrunterdrin der Zauberkönig,
Mathilde und Erich.

ALLES *singt:* Da draußen in der Wachau
   Die Donau fließt so blau,
   Steht einsam ein Winzerhaus,
   Da schaut mein Mädel heraus.
   Hat Lippen rot wie Blut
   Und küssen kanns so gut,
   Die Augen sind veilchenblau
   Vom Mädel in der Wachau.

   Es wird ein Wein sein,
   Und wir werden nimmer sein.
   Es wird schöne Madeln geben,
   Und wir werden nimmer leben – –
Jetzt wirds einen Augenblick totenstill beim Heurigen – –
aber dann singt wieder alles mit verdreifachter Kraft.
   Drum gehn wir gern nach Nußdorf naus,
   Da gibts a Hetz, a Gstanz,
   Da hörn wir ferme Tanz,
   Da laß ma fesche Jodler naus
   Und gengan in der Fruah
   Mitn Schwomma zhaus, mitn Schwomma zhaus!
Begeisterung; Applaus; zwischen den Tischen wird ge-
tanzt – – alles ist nun schon ziemlich benebelt.
ZAUBERKÖNIG Bravo, bravissimo! Heut bin ich wieder der
   Alte! Da capo, da capo! *Er greift einem vorübertanzen-*
   den Mädchen auf die Brüste.

DER KAVALIER DES MÄDCHENS *schlägt ihm auf die Hand:*
Hand von der Putten!

DAS MÄDCHEN Das sind doch meine Putten!

ERICH Onkel Zauberkönig! Ich gestatte mir hiemit auf
den famosen Wiener Heurigen und nicht zu guter Letzt
auf dein ganz Spezielles einen exorbitanten Salamander
zu reiben – – Heil, heil, heil! *Er reibt ihn und verschüttet
seinen ganzen Wein.*

MATHILDE Hojhoj, junger Mann! Nicht so stürmisch!
Meiner Seel, jetzt hat er mich ganz bespritzt!

ERICH Noch ein Wein! Noch ein Wein, Ober! Der Salamander steigt, Ehrensache! Ober!

ZAUBERKÖNIG Hat er dich naßgemacht? Armes Waserl!

MATHILDE Durch und durch – – bis auf die Haut.

ZAUBERKÖNIG Bis auf deine Haut – –

MATHILDE Bist du a schon narrisch?

ERICH Ehrensache, Ehrensache! Noch lebt das alte Preußen! Stillgestanden! *Er knallt die Haken zusammen und
steht still.*

ZAUBERKÖNIG Was hat er denn?

MATHILDE Das bin ich schon gewöhnt. Wenn er sich bsof-
fen hat, dann kommandiert er sich immer selber.

ZAUBERKÖNIG Wie lang daß der so still stehen kann –
Stramm! Sehr stramm! Respekt! Es geht wieder aufwärts mit uns! *Er fällt unter den Tisch.*

MATHILDE Jesus Maria!

ZAUBERKÖNIG Der Stuhl ist zerbrochen – – einen anderen
Stuhl, Herr Ober! He, einen anderen Stuhl!! *Er singt mit
der Musik.* Ach, ich hab sie ja nur auf die Schulter
geküßt – – und schon hab ich den Patsch verspürt mit
dem Fächer ins Gesicht – –

DER OBER *bringt nun eine Riesenportion Salami.*

MATHILDE Salami, Erich! Salami!

ERICH Batallion! Rührt Euch! Antreten zum Essen fassen!

Er langt mit der Hand in die Schüssel und frißt exorbitant.

ZAUBERKÖNIG Wie der frißt!

MATHILDE Gesegnete Mahlzeit!

ZAUBERKÖNIG Friß nicht so gierig!

MATHILDE Er zahlts ja nicht!

ZAUBERKÖNIG Und singen kann er auch nicht!

Pause.

MATHILDE *zu Erich:* Warum singst du eigentlich nicht?

ERICH *mit vollem Munde:* Weil ich doch an meinem chronischen Rachenkatarrh leide!

MATHILDE Das kommt vom vielen Rauchen!

ERICH *brüllt sie an:* Schon wieder?!

RITTMEISTER *taucht auf; mit einem Papierhütchen und in gehobener Stimmung:* Küßdiehand, schöne Frau Mathilde! A das ist aber ein angenehmer Zufall! Habe die Ehre, Herr Zauberkönig!

ZAUBERKÖNIG Prost, Herr Rittmeister! Entschuldigens mich nur einen Moment, wo ist denn da das Häusl?

RITTMEISTER Gleich dort drüben – – neben dem Buffet.

Zauberkönig ab ins Häusl.

MATHILDE Darf ich Ihnen etwas von meiner Salami, Herr Rittmeister? *Erich bleibt der Brocken im Munde stecken; er fixiert gehässig den Rittmeister.*

RITTMEISTER Zu gütig, küßdiehand! Danke nein, ich kann unmöglich mehr – – *Er steckt sich zwei dicke Scheiben in den Mund.* Ich hab heut nämlich schon zweimal genachtmahlt, weil ich Besuch hab – – ich sitz dort hinten in der Gesellschaft. Ein Jugendfreund meines in Sibirien vermißten Bruders – – ein Amerikaner.

MATHILDE Also ein Mister!

RITTMEISTER Aber ein geborener Wiener! Zwanzig Jahr war der jetzt drüben in den Staaten, nun ist er zum erstenmal wieder auf unserem Kontinent. Wie wir heut Vormittag durch die Hofburg gefahren sind, da sind ihm die Tränen in den Augen gestanden – – Er ist ein Selfmademan. Selbst ist der Mann!

MATHILDE Oh Sie Schlimmer!

RITTMEISTER Ja. Und jetzt zeig ich ihm sein Wien – – schon den zweiten Tag – – wir kommen aus dem Schwips schon gar nicht mehr raus – –

MATHILDE Stille Wasser sind tief.

RITTMEISTER Nicht nur in Amerika.

ERICH *scharf:* Tatsächlich?

Pause.

MATHILDE Kennen sich die Herren schon?

RITTMEISTER Vom Sehen aus – –

ERICH Sie sind Österreicher? Fesch, aber feig!

MATHILDE Erich!

RITTMEISTER Was hat er gesagt?

ERICH Ich habe gesagt, daß die Österreicher im Krieg schlappe Kerle waren und wenn wir Preußen nicht gewesen wären – –

RITTMEISTER *fällt ihm ins Wort:* Dann hätten wir überhaupt keinen Krieg gehabt!

ERICH Und Sarajewo? Und Bosnien-Herzegowina?

RITTMEISTER Was wissen denn Sie schon vom Weltkrieg, Sie Grünschnabel?! Was Sie in der Schul gelernt haben und sonst nichts!

ERICH Ist immer noch besser als alten Jüdinnen das Bridgespiel beizubringen!

MATHILDE Erich!

RITTMEISTER Ist immer noch besser, als sich von alten Trafikantinnen aushalten zu lassen!

MATHILDE Herr Rittmeister!

RITTMEISTER Pardon! Das war jetzt ein Fauxpas! Ein Lapsus linguae – – *Er küßt ihre Hand.* Bedauerlich, sehr bedauerlich! Aber dieser grüne Mensch da hat in seinem ganzen Leben noch keine fünf Groschen selbständig verdient!

ERICH Herr!

MATHILDE Nur kein Duell, um Gottes Willen!

ERICH Satisfaktionsfähig wären Sie ja.

RITTMEISTER Wollen Sie vors Ehrengericht?

MATHILDE Ruhe, die Leut schaun ja schon!

ERICH Ich laß mich doch nicht beleidigen!

RITTMEISTER Mich kann man gar nicht beleidigen! Sie nicht!

MATHILDE Aber ich bitt euch! Beim Heurigen!

RITTMEISTER Ich laß mir doch von diesem Preußen keine solchen Sachen sagen. Wo waren denn Ihre Hohenzollern, als unsere Habsburger schon römisch-deutsche Kaiser waren?! Draußen im Wald!

ERICH Jetzt ist es ganz aus.

RITTMEISTER Da habens zwanzig Groschen und lassen Sie sich mal den Schopf abschneiden, Sie Kakadu!

DER MISTER *kommt; er ist besoffen:* Oh, lieber guter Freund – – was seh ich da? Gesellschaft? Freunde? Stell mich vor, bitte – – Du lieber guter Freund – – *Er umarmt den Rittmeister.*

ERICH Ich geh – –

MATHILDE Setz dich! Wenn du schon meine Salami frißt, dann kannst du mir auch entgegenkommen – – und halts Maul, sonst schmier ich dir eine – –

RITTMEISTER Wo steckt denn unser Zauberkönig? Er wird doch nicht ins Häusl gfallen sein – –

ZAUBERKÖNIG *erscheint:* Da bin ich! Ist dir das ein enges Häusl gewesen! Wer ist denn das?

RITTMEISTER Das ist mein lieber Mister aus Amerika!

DER MISTER Amerika! New York! Chikago und Sing-Sing! – – Äußerlich ja, aber da drinnen klopft noch das

alte biedere treue goldene Wiener Herz, das ewige Wien
– – und die Wachau – – und die Burgen an der blauen
Donau – – *Er summt mit mit der Musik.* Donau so blau,
so blau, so blau – –

ALLE *summen mit und wiegen sich auf den Sitzgelegen-*
heiten.

DER MISTER Meine Herrschaften! Es hat sich vieles verändert in der letzten Zeit, Stürme und Windhosen sind
über die Erde gebraust, Erdbeben und Tornados und
ich hab ganz von unten anfangen müssen, aber hier bin
ich zhaus, hier kenn ich mich aus, hier gefällt es mir,
hier möcht ich sterben! Oh, du mein lieber altösterreichischer Herrgott aus Mariazell!
Er singt.
   Mein Muatterl war a Wienerin, drum hab i Wien so
   gern
   Sie wars, die mit dem Leben mir die Lieb hat gegeben
   Zu meinem anzigen goldenen Wean!

ALLES *natürlich ohne Erich, singt:*
      Wien, Wien, nur Du allein
      Sollst stets die Stadt meiner Träume sein,
      Dort, wo ich glücklich und selig bin
      Ist Wien, ist Wien, mein Wien!

DER MISTER Wien soll leben! Die Heimat! Und die schönen Wiener Frauen! Und der Heimatgedanke! Und wir
Wiener sollen leben – – alle, alle!

ALLE *außer Erich:* Hoch! Hoch! Hoch!
Allgemeines Saufen.

MATHILDE Erich! Sauf!

ERICH Nein! Ehrensache!

MATHILDE Soll ich denn noch Salami bestellen?

ERICH Diese Randbemerkung ehrt Ihre niedrige Gesinnung, Gnädigste!

MATHILDE Bleib!

ERICH Stillgestanden! Ganze Abteilung – – kehrt!

MATHILDE Halt!

ERICH Abteilung – – marsch! *Ab.*

MATHILDE Herstellt Euch! Herstellt Euch!

ZAUBERKÖNIG So laß doch den Bsoffenen! Eine Verwandtschaft hab ich!

MATHILDE Ich werd ihn wohl ganz lassen – – ich sehs
schon direkt kommen – –

ZAUBERKÖNIG Na du als stattliche Person – – Dich hätt ich
heiraten sollen, mit dir hätt ich ein ganz anderes Kind
gekriegt – –

MATHILDE Red nicht immer von Irene! Ich hab sie nie
ausstehen können!

DER MISTER Wer ist Irene?

ZAUBERKÖNIG Irene war meine Frau.

DER MISTER Oh pardon!

ZAUBERKÖNIG Oh bitte – – und warum soll ich denn nicht
auf die Iren schimpfen? Bloß weil sie schon tot ist?! Mir
hat sie das ganze Leben verpatzt!

MATHILDE Du bist ein dämonischer Mensch!

ZAUBERKÖNIG *singt:*

> Mir ist mei Alte gstorbn
> Drum ist mirs Herz so schwer
> A so a gute Seel krieg ich nöt mehr,
> Muß so viel wana
> Das glaubt mir kana,
> Daß ich mich kränk
> Wann ich an mei Alte denk! Hallo!

DER MISTER *schnellt empor:* Hallo! Hallo! Wenn mich
nicht alles täuscht, so fängt es jetzt an zu regnen! Aber
wir lassen uns vom Wetter nichts dreinreden! Heut wird
noch gebummelt und wenns Schusterbuben regnen
sollte! Wir lassen und lassen uns das nicht gefallen! *Er
droht mit dem Zeigefinger nach dem Himmel.* Oh du

regnerischer Himmelvater du! Darf ich euch alle einladen? Alle, alle!!

ALLE Bravo, bravo!!

DER MISTER Also auf! Vorwärts! Mir nach!

MATHILDE Wohin?

DER MISTER Irgendwohin! Wo wir einen Plafond über uns haben! Wo wir nicht so direkt unterm Himmel sitzen! Auf ins Moulin-bleu!

Starker Applaus.

RITTMEISTER Halt! Nicht ins Moulin-bleu, liebe Leutl! Dann schon eher ins Maxim!

Und wieder wird es einen Augenblick totenstill.

ZAUBERKÖNIG Warum denn ins Maxim?

RITTMEISTER Weil es dort ganz besondere Überraschungen geben wird.

ZAUBERKÖNIG Was für Überraschungen?

RITTMEISTER Pikante. Sehr pikante – –

Stille.

ZAUBERKÖNIG Also auf ins Maxim!

ALLE Ins Maxim!

Sie marschieren mit aufgespannten Regenschirmen und singen:

Vindobona, du herrliche Stadt
Die so reizende Anlagen hat,
Dir ghört stets nur unser Sinn
Ja zu dir ziagst uns hin,
San ma von dir oft fern
Denkn ma do ans liebe Wean,
Denn du bleibst die Perle von Österreich
Dir is gar ka Stadt net gleich!

Die Mizzi und der Jean
Gehn miteinander drahn
Wir sind ja nicht aus Stroh,

Sind jung und lebensfroh
Net immer Schokoladi
Heut gehen wir zum »Brady«
Oder zum »Maxim«
Heut sind wir einmal schlimm!

Jetzt trink ma noch a Flascherl Wein, Hollodero!
Es muß ja nöt das letzte sein, Hollodero!
Und ist das gar, gibts ka Geniern, Hollodero!
So tun wir noch mal repetiern, aber noch mal
repetiern!

*Gong. – Die Bühne verwandelt sich nun ins »Maxim« –
mit einer Bar und Séparees; im Hintergrunde eine Ca-
baretbühne mit breiter Rampe – Alles schließt die Regenschirme und nimmt nun Platz an den Tischen, und
zwar in aufgeräumtester Stimmung.*

DER CONFERENCIER *tritt vor den Vorhang:* Meine Sehrverehrten! Meine Herrschaften! Entzückende Damen
und noch entzückendere Herren!

MATHILDE Oho!

Gelächter.

DER CONFERENCIER Ich begrüße Sie auf das allerherzlich-
ste im Namen meiner Direktion! Schon Johann Wolfgang von Goethe, der Dichterfürst, sagt in seinem Mei-
sterwerk, unserem unsterblichen Faust: Was Du ererbt
von Deinen Vätern, erwirb es, um es zu besitzen! In
diesem Sinne, meine Sehrverehrten: Nummer auf Nummer! Das ist Tradition bei uns im Maxim! Und nun aber
erst die nächste Attraktion! Bitte treten Sie mit mir ein
in den Himmel der Erinnerung! *Ab.*

*Musiktusch; Applaus; Vorhang hoch; Bühnenbild:
Schönbrunn – und mit dem Hoch- und Deutschmeistermarsch marschiert eine Abteilung Mädchen auf die*

Bühne, und von der Bühne hinab in den Zuschauer-
raum und wieder retour; bekleidet sind sie mit Büsten-
haltern, Schwimmhosen aus Spitzen, Stiefeln und fride-
rizianischen Helmen – – die Anführerin trägt einen
Säbel, die anderen Gewehre, mit ihrem schrillen Sopran
dirigiert die Anführerin durch Kommandorufe das Bal-
lett: »Rechts um! Links um! Hab acht! Legt an! Feuer!
Zum Sturm – – arsch-arsch! Kehrt euch! Rumpfbeuge!
Angetreten! Präsentiert das Gewehr!« – – Sie schreitet
die Front ab, frenetischer Beifall des Publikums – –
dann kommandiert sie wieder: »Kompanie – arsch!« – –
und die Mädchen marschieren singend: »Wir sind vom
ka und ka Infanterie Regiment, Hoch und Deutschmei-
ster Nummero vier, aber stier!« – – Vorhang; rasende
Begeisterung im Publikum. – Musik spielt nun den
Radetzkymarsch.

ZAUBERKÖNIG *zum Rittmeister:* Aber was redens denn da,
Herr? Also das steht doch schon felsenfest, daß wir
Menschen mit der Tierwelt verwandt sind!

RITTMEISTER Das ist Auffassungssache!

ZAUBERKÖNIG Oder glaubens denn gar noch an Adam und
Eva?

RITTMEISTER Wer weiß!

DER MISTER *zu Mathilde:* Du Wildkatz!

ZAUBERKÖNIG Wildkatz! Oder gar ein Leopard!

MATHILDE Prost Zauberkönig!

ZAUBERKÖNIG Der Herr Rittmeister sind ein Fabelwesen
und du hast was von einem Känguruh an dir und der
Mister ist ein japanischer Affenpintscher!

DER MISTER *lacht keineswegs:* Fabelhafter Witz, fabelhafter Witz!

ZAUBERKÖNIG Na und ich?!

MATHILDE Ein Hirsch! Ein alter Hirsch! Prost alter Hirsch!

Brüllendes Gelächter – – nun klingelt das Tischtelefon – – Stille.

ZAUBERKÖNIG *am Apparat:* Ja hallo – – Wie? Wer spricht? Mausi? – – Mausi kenn ich nicht, wie? – – Ach so! Jaja, das bin ich schon, ich bin schon dein Onkel – – Was soll ich? A du Schweinderl, du herziges – – Wo? An der Bar? Im grünen Kleid? – – Was? Du bist noch eine Jungfrau? Und das soll dir dein Onkel glauben? Na ich werd da mal nachkontrollieren – – Bussi, Bussi – – – – *Er hängt ein und leert sein Glas Schampus, den der Mister hat auffahren lassen.*

MATHILDE Trink nicht soviel, Leopold!

ZAUBERKÖNIG Du kannst mir jetzt auf den Hut steigen! *Er erhebt sich.* Für uns alte Leut ist ja der Alkohol noch die einzige Lebensfreud! Wo ist die Bar?

MATHILDE Was für eine Bar?

ZAUBERKÖNIG Wo ist die Bar, Kruzitürken?!

RITTMEISTER Ich werd Sie hinführen – –

ZAUBERKÖNIG Ich find schon selber hin – – ich brauch keinen Kerzenhalter! Kommens, führens mich! *Er läßt sich vom Rittmeister an die Bar führen, wo ihn bereits zwei Mädchen erwarten – die eine im grünen Kleid nimmt ihn gleich herzlichst in Empfang; auch der Rittmeister bleibt an der Bar.*

DER MISTER *zu Mathilde:* Was ist der Herr eigentlich?

MATHILDE Ein Zauberkönig.

DER MISTER Ach!

MATHILDE Ja. Sonst ist er ja ein seltener Mensch, bescheiden und anständig, der echte Bürger vom alten Schlag – Diese Sorte stirbt nämlich aus.

DER MISTER Leider!

MATHILDE Heut ist er ja leider besoffen – –

DER MISTER Wie Sie das wieder sagen! Was für ein Charme! Bei uns in Amerika ist halt alles brutaler.

68

Pause.

MATHILDE Was wiegen Sie?

DER MISTER Zweihundertachtzehn Pfund.

MATHILDE Oh Gott!

DER MISTER Darf ich ganz offen sein?

MATHILDE Man bittet darum.

DER MISTER Ich bin kompliziert.

MATHILDE Wieso?

DER MISTER Ich bin nämlich innerlich tot. Ich kann halt nurmehr mit den Prostituierten was anfangen – das kommt von den vielen Enttäuschungen, die ich schon hinter mir hab.

MATHILDE Jetzt sowas. Eine so zarte Seele in so einem mächtigen Körper – –

DER MISTER Ich hab den Saturn als Planeten.

MATHILDE Ja, diese Planeten! Da hängt man damit zusammen und kann gar nichts dafür!
Gong.

DER CONFERENCIER *tritt vor den Vorhang:* Meine Sehrverehrten! Und abermals gibts eine herrliche Nummer! Was soll ich viele Worte machen, urteilen Sie selbst über unsere sensationellen, von ersten Künstlern entworfenen hochkünstlerischen lebendigen Aktplastiken! Als erstes: Donaunixen! Darf ich bitten, Herr Kapellmeister!
Die Kapelle spielt nun den Walzer »An der schönen blauen Donau« und es wird stockfinster im Zuschauerraum; dann teilt sich der Vorhang und man sieht drei halbnackte Mädchen, deren Beine in Schwanzflossen stecken – – Eine hält eine Leier in der Hand – – alle sind malerisch gruppiert vor einem schwarzen Vorhang im grünen Scheinwerferlicht; von der Bar her hört man des Zauberkönigs Stimme: »Nackete Weiber, sehr richtig!« – – der Vorhang schließt sich, starker Applaus.

Gong.

DER CONFERENCIER *erscheint wieder vor dem Vorhang:*
Das zweite Bild: unser Zeppelin!

Bravorufe.

DER CONFERENCIER Darf ich bitten, Herr Kapellmeister!
*Und nun ertönt der »Fridericus rex« – und auf der
Bühne stehen drei nackte Mädchen – – die Erste hält
einen Propeller in den Händen, die Zweite einen Globus und die Dritte einen kleinen Zeppelin – – das Publikum rast vor Beifall, schnellt von den Sitzen in die Höhe
und singt die erste Strophe des Deutschlandliedes, worauf es sich wieder beruhigt. Gong.*

DER CONFERENCIER *wieder vor dem Vorhang:* Und nun,
meine Sehrverehrten, das dritte Bild: Die Jagd nach
dem Glück!

Totenstille.

DER CONFERENCIER Darf ich bitten, Herr Kapellmeister – –
*Die »Träumerei« von Schumann erklingt und der Vor-
hang teilt sich zum dritten Male – – eine Gruppe nackter Mädchen, die sich gegenseitig niedertreten, versucht
einer goldenen Kugel nachzurennen, auf welcher das
Glück auf einem Beine steht – – das Glück ist ebenfalls
unbekleidet und heißt Marianne.*

MATHILDE *schreit gellend auf im finsteren Zuschauer-
raume:* Marianne! Jesus Maria Josef! Marianne!!

MARIANNE *erschrickt auf ihrer Kugel, zittert, kann das
Gleichgewicht nicht mehr halten, muß herab und
starrt, geblendet vom Scheinwerfer, in den dunklen
Zuschauerraum.*

DER MISTER Was denn los?

MATHILDE *außer sich:* Marianne, Marianne, Marianne!

DER MISTER *wird wütend:* Brüll nicht! Bist denn plemplem!

MATHILDE Marianne!

DER MISTER Kusch! Da hast du deine Marianne! *Er boxt ihr in die Brust.*

MATHILDE *schreit.*

Große Unruhe im Publikum; Rufe: »Licht! Licht!«

DER CONFERENCIER *stürzt auf die Bühne:* Vorhang! Was ist denn los?! Licht! Vorhang! Licht!

Der Vorhang fällt vor der starr in den Zuschauerraum glotzenden Marianne, die übrigen Mädchen sind bereits unruhig ab – – und nun wird es licht im Zuschauerraum, und wieder für einen Augenblick totenstill; alles starrt auf Mathilde, die mit dem Gesicht auf dem Tisch liegt, hysterisch und besoffen, weint und schluchzt.

ZAUBERKÖNIG *steht an der Bar und hält die Hand auf sein Herz.*

MATHILDE *wimmert:* Die Mariann – – die Mariann – – die liebe kleine Mariann – – oh, oh, oh – – ich hab sie ja schon gekannt, wie sie noch fünf Jahr alt war, meine Herren!

DER CONFERENCIER Von wem redet sie da?

DER MISTER Keine Ahnung!

DER CONFERENCIER Hysterisch?

DER MISTER Epileptisch!

EINE GEMÜTLICHE STIMME So werfts es doch naus, die bsoffene Bestie!

MATHILDE Ich bin nicht besoffen, meine Herren! Ich bin das nicht – – nein, nein, nein! *Sie schnellt empor und will hinaus laufen, stolpert aber über ihre eigenen Füße, stürzt und reißt einen Tisch um – – jetzt hat sie sich blutig geschlagen.* Nein, das halt ich nicht aus, ich bin doch nicht aus Holz, das halt ich nicht aus, das halt ich nicht aus! *Sie rast brüllend nachhaus.*

ALLE *außer dem Zauberkönig sehen ihr perplex nach. Stille, dann: Gong.*

DER CONFERENCIER *springt auf einen Stuhl:* Meine Sehr-verehrten! Damen und Herren! Das war nun der Schluß unseres offiziellen Programms – – und nun beginnt in der Bar der inoffizielle Teil! *Man hört aus der Bar die Tanzmusik.* Im Namen meiner Direktion danke ich Ihnen für den zahlreichen Besuch und wünsche Ihnen eine recht gute Nacht! Auf Wiedersehen, meine Herr-schaften!

DIE HERRSCHAFTEN *räumen allmählich das Lokal.*

ZAUBERKÖNIG Herr Rittmeister –

RITTMEISTER Bitte?

ZAUBERKÖNIG Also deshalb wollten Sie nicht ins Moulin-bleu, sondern hier – – Das waren also Ihre bewußten pikanten Überraschungen, ich hab ja gleich so eine komische Aversion gehabt – – so eine Ahnung, daß mir nichts Gutes bevorsteht – –

RITTMEISTER Ich wußte es, daß das Fräulein Mariann hier auftritt – – ich war nämlich schon öfters da – – erst gestern wieder – – und ich kann es halt nicht mehr länger mitansehen! Ihr steinernes Herz – –

ZAUBERKÖNIG Mischen Sie sich nicht in wildfremde Fa-milienangelegenheiten, Sie Soldat!

RITTMEISTER Meine menschliche Pflicht – –

ZAUBERKÖNIG *unterbricht ihn:* Was ist das?

RITTMEISTER Sie sind kein Mensch!

ZAUBERKÖNIG Also das hör ich gern! Schon sehr gern! Was soll ich denn schon sein, wenn ich kein Mensch bin, Sie?! Vielleicht ein Vieh?! Das tät Ihnen so passen! Aber ich bin kein Vieh und hab auch keine Tochter, bitt ich mir aus!!

RITTMEISTER Jetzt hab ich hier nichts mehr verloren. *Er verbeugt sich steif und ab.*

ZAUBERKÖNIG Und ich werd mir vielleicht noch was holen! Ich bin in einer Untergangsstimmung, Herr Mister! Jetzt möcht ich Ansichtskarten schreiben, damit die Leut vor Neid zerplatzen, wenn sie durch mich selbst erfahren, wie gut daß es mir geht!

DER MISTER Ansichtskarten! Glänzende Idee! Das ist eine Idee! Ansichtskarten, Ansichtskarten! *Er kauft einer Verkäuferin gleich einen ganzen Stoß ab, setzt sich dann abseits an einen Tisch und schreibt – – nun ist er allein mit dem Zauberkönig; aus der Bar tönt Tanzmusik.*

MARIANNE *kommt langsam in einem Bademantel und bleibt vor dem Zauberkönig stehen.*

ZAUBERKÖNIG *starrt sie an, betrachtet sie von oben bis unten – dreht ihr den Rücken zu.*

Pause.

MARIANNE Warum hast du meine Briefe nicht gelesen? Ich hab dir drei Briefe geschrieben. Aber du hast sie nicht aufgemacht und hast sie zurückgehen lassen.

Pause.

Ich hab dir geschrieben, daß er mich verlassen hat – –

ZAUBERKÖNIG *wendet sich langsam ihr zu und fixiert sie gehässig:* Das weiß ich. *Er dreht ihr wieder den Rücken zu.*

Pause.

MARIANNE Weißt du auch, daß ich ein Kind hab – –?

ZAUBERKÖNIG Natürlich!

Pause.

MARIANNE Es geht uns sehr schlecht, mir und dem Bubi – –

ZAUBERKÖNIG Wer nicht hören will, muß fühlen! Schluß jetzt! *Er erhebt sich, muß sich aber gleich wieder setzen.*

MARIANNE Du bist ja betrunken, Papa – –

ZAUBERKÖNIG Also werd nur nicht ordinär! Ich bin nicht dein Papa, ein für allemal! Und nur nicht ordinär,

sonst – – *Er macht die Geste des Ohrfeigens.* Denk
lieber an dein Mutterl selig! Die Toten hören alles!

MARIANNE Wenn mein Mutterl noch leben würde – –

ZAUBERKÖNIG Laß dein Mutterl aus dem Spiel, bitt ich mir
aus! Wenn sie dich so gesehen hätt, so nacket auf dem
Podium herumstehen – – Dich den Blicken der Allgemeinheit preisgeben – – Ja schämst dich denn gar nicht
mehr? Pfui Teufel!

MARIANNE Nein. Das kann ich mir nicht leisten, daß ich
mich schäm.

Stille.

Die Musik in der Bar ist nun verstummt.

MARIANNE Ich verdien hier zwei Schilling pro Tag. Das ist
nicht viel, zusammen mit Bubi – – Was kann ich denn
aber auch anderes unternehmen? Du hast mich ja nichts
lernen lassen, nicht einmal meine rhythmische Gymnastik, du hast mich ja nur für die Ehe erzogen – –

ZAUBERKÖNIG Oh du miserables Geschöpf! Jetzt bin ich
noch schuld!

MARIANNE Hör mal Papa – –

ZAUBERKÖNIG *unterbricht sie:* Ich bin kein Papa!

MARIANNE *schlägt mit der Faust auf den Tisch:* Still! Du
bist doch mein Papa, wer denn sonst?! Und hör jetzt
mal – – wenn das so weitergeht, ich kann nichts verdienen – – und auf den Strich gehen kann ich nicht, ich
kann das nicht, ich habs ja schon versucht, aber ich
kann mich nur einem Manne geben, den ich aus ganzer
Seele mag – – ich hab ja als ungelernte Frau sonst nichts
zu geben – – – – dann bleibt mir nur der Zug.

ZAUBERKÖNIG Was für ein Zug?

MARIANNE Der Zug. Mit dem man wegfahren kann. Ich
wirf mich noch vor den Zug – –

ZAUBERKÖNIG So! Das auch noch. Das willst du mir also
auch noch antun – – *Er weint plötzlich.* Oh, du gemei-

nes Schwein, was machst du denn mit mir auf meine alten Tag? Eine Schande nach der anderen – oh, ich armer alter Mensch, mit was hab ich denn das verdient?!

MARIANNE *scharf:* Denk nicht immer an dich!

ZAUBERKÖNIG *hört auf zu weinen, starrt sie an; wird wütend:* So wirf dich doch vor den Zug! Wirf dich doch, wirf dich doch! Samt deiner Brut!! – – – – Oh, mir ist übel – – übel – – – – Wenn ich nur brechen könnt – – *Er beugt sich über den Tisch.*

MARIANNE *betrachtet ihn – – aus der Bar ertönt nun wieder Tanzmusik; plötzlich entschlossen will sie rasch ab.*

DER MISTER *tritt ihr in den Weg; er ist fertig mit seiner Ansichtskartenschreiberei:* Ah, eine Primadonna – – *Er betrachtet sie lächelnd.* Sagen Sie – – haben Sie nicht zufällig einige Briefmarken bei sich?

MARIANNE Nein.

DER MISTER *langsam:* Nämlich ich brauche zehn Zwanziggroschenmarken und zahle dafür fünfzig Schilling. *Pause.*

DER MISTER Sechzig Schilling. *Pause.*

DER MISTER *nimmt seine Brieftasche heraus:* Da sind die Schilling und da sind die Dollars – –

MARIANNE Zeigen Sie.

DER MISTER *reicht ihr die Brieftasche.* *Pause.*

MARIANNE Sechzig?

DER MISTER Fünfundsechzig.

MARIANNE Das ist viel Geld.

DER MISTER Das will verdient sein. *Stille. – – Mit der Tanzmusik ist es nun wieder vorbei.*

MARIANNE Nein. Danke. *Sie gibt ihm die Brieftasche zurück.*

DER MISTER Was heißt das?

MARIANNE Ich kann nicht. Sie haben sich in mir geirrt, Herr – –

DER MISTER *packt sie plötzlich am Handgelenk und brüllt:* Halt! halt, du hast mich jetzt bestohlen, du Dirne! Diebin, Verbrecherin! Hand aufmachen – auf!

MARIANNE Au!

DER MISTER Da! Hundert Schilling! Meinst ich merk das nicht. Du blöde Hur!? *Er gibt ihr eine Ohrfeige.* Polizei! Polizei!!

ALLES *erscheint aus der Bar.*

ZAUBERKÖNIG Was ist denn los, um Gottes Christi Willen?!

DER MISTER Diese Hur da hat mich bestohlen! Hundert Schilling, hundert Schilling! Polizei!

ZAUBERKÖNIG Aber das gibts doch nicht – – Mariann!!

MARIANNE *reißt sich vom Mister los:* Ihr sollt mich nicht mehr schlagen! Ich will nicht mehr geschlagen werden!

ZAUBERKÖNIG *mit der Hand am Herz:* Das auch noch! *Er bricht zusammen.*

DER CONFERENCIER Wasser! Wasser! *Er bemüht sich um den Zauberkönig.*
Stille.

DER MISTER Was ist? Ist ihm schlecht?

DER CONFERENCIER Nein. Das ist ein Schlaganfall!

MARIANNE *brüllt:* Papa! Papa!!

Ende des fünften Bildes

Sechstes Bild

Und abermals in der stillen Straße im achten Bezirk. Es ist
Sonntag und die Geschäfte sind zu. Auf der leeren Pup-
penklinikauslage kleben zwei Zettel »Zu vermieten«. Vor
der Türe ein Rollstuhl.
Mathilde mit einem Maiglöckchenstrauß und der Ritt-
meister haben sich ausgerechnet vor der Puppenklinik
getroffen.

RITTMEISTER Es ist Sonntag, Frau Mathild. Und morgen
  ist wieder Montag.
MATHILDE Das ist halt unser irdisches Dasein, Herr Rittmeister.
RITTMEISTER Mein Gewissen ist rein und trotzdem. Ich
  war doch damals im Maxim nur von den altruistischesten Absichten beseelt – – versöhnend hab ich wirken
  wollen, versöhnend – – und derweil hat sich eine Tragödie nach der anderen abgerollt. Die arme Mariann
  wird eingekastelt und den Zauberkönig trifft der
  Schlag. Noch gut, daß er am Leben geblieben ist.
MATHILDE *deutet auf den Rollstuhl:* Ist das ein Leben?
RITTMEISTER Dann schon lieber der Tod.
  Stille.
MATHILDE Die ersten drei Tag, nachdem ihn der Schlag
  getroffen gehabt hat, da hat sich der Hofrat schon
  gefürchtet, daß, wenn kein Wunder geschieht – – der
  Leopold hat ja schon die Sphärenmusik gehört.
RITTMEISTER Wer ist Leopold?
MATHILDE Na der Zauberkönig!
RITTMEISTER Heißt der auch Leopold? Ich heiß nämlich
  auch Leopold – –
MATHILDE Das ist aber spaßig!

RITTMEISTER Was verstehen Sie unter Sphärenmusik?

MATHILDE Wenn einer knapp vor dem Tode ist, dann fängt die arme Seel bereits an, den Körper zu verlassen – – aber nur die halbe Seel – – und die fliegt dann schon hoch hinauf und immer höher – – und dort droben gibts eine sonderbare Melodie, das ist die Musik der Sphären – – *Stille.*

RITTMEISTER Möglich. An und für sich – – – – wo habens denn die schönen Maiglöckerl her?

MATHILDE Die hab ich mir so mitgehen lassen – aus dem Park vom Grafen Erdödy. Ich bring sie jetzt dem armen Leopold, er hat doch die Blumerl so gern.

RITTMEISTER Ist er noch geärgert auf mich?

MATHILDE Wegen was denn?

RITTMEISTER Na ich denk, wegen der fatalen Situation im Maxim, die wo ich ihm inszeniert hab.

MATHILDE Aber Herr Rittmeister! Nach all dem, was der Mann durchgemacht hat, hat er keine Lust mehr, sich über Sie zu ärgern – – er ist überhaupt viel versöhnlicher geworden, er ist halt gebrochen. Wenn einer kaum mehr laufen kann und sprechen!

RITTMEISTER Habens denn was von der Mariann gehört? *Stille.*

MATHILDE Können Sie schweigen, Herr Rittmeister?

RITTMEISTER Natürlich.

MATHILDE Ehrenwort?

RITTMEISTER Na wenn ich als alter Offizier nicht schweigen könnt! Denkens doch nur mal an all die militärischen Geheimnisse, die ich weiß! *Stille.*

MATHILDE Herr Rittmeister. Sie war bei mir, die Mariann. Sie hat mich aufgesucht. Drei Monat ist sie gesessen, inklusive der Untersuchungshaft, und jetzt hat sie nichts zum Beißen – – nur ihren Stolz, den hat sie noch gehabt! Aber den hab ich ihr gründlich ausgetrieben, kann ich nur sagen! Gründlich! Verlassen Sie sich nur auf mich, Herr Rittmeister, ich werd sie schon mit ihrem Papa aussöhnen, wir Frauen verstehen das besser, als wie die Herren der Schöpfung! Sie haben ja das im Maxim viel zu direkt versucht – – mein Gott, hab ich mich damals erschrocken!

RITTMEISTER Ende gut, alles gut! Ich muß jetzt noch ins Café! Küßdiehand, Frau Mathild! *Ab.*

ERICH *erscheint auf des Zauberkönigs Balkon und begießt die Blumen.*

MATHILDE *entdeckt ihn.*

ERICH *erblickt Mathilde:* Guten Morgen, gnädige Frau!

MATHILDE Wenn ich das gewußt hätt, daß du droben bist, dann wär ich später gekommen – –

ERICH Sowie du kommst, geh ich – – Ehrensache!

MATHILDE So geh doch! Geh!

ERICH einen Moment! *Er begießt noch besonders sorgfältig einen toten Blumenstock und grinst boshaft dazu – dann verläßt er den Balkon.*

MATHILDE *allein:* Gemeines Vieh. Luder. Zuhälter. Hund, räudiger – –

ERICH *tritt aus der Puppenklinik; er grüßt korrekt:* Verzeihen, Gnädigste! Ich möchte Sie nur darauf aufmerksam machen, daß wir uns jetzt wahrscheinlich das letztemal sehen – –

MATHILDE Hoffentlich!

ERICH Ich fahre nämlich morgen früh – – für immer.

MATHILDE Glückliche Reise!

ERICH Danke! *Er grüßt wieder korrekt und will ab.*

MATHILDE *plötzlich:* Halt!

ERICH Zu Befehl?

Stille.

MATHILDE Wir wollen uns nicht so Adieu sagen – –
Komm, geben wir uns die Hand – – trennen wir uns als
gute Kameraden – –

ERICH Gut. *Er gibt ihr die Hand; zieht dann ein Notizbuch aus der Tasche und blättert darin.* Hier steht es
genau notiert. Soll und Haben, die ganze Summe – –
jede Zigarette.

MATHILDE *freundlich:* Ich brauch deine Zigaretten nicht – –

ERICH Ehrensache!

MATHILDE *nimmt seine Hand, in der er das Notizbuch
hält und streichelt sie:* Du bist halt kein Psychologe,
Erich – – *Sie nickt ihm freundlich zu und langsam ab in
die Puppenklinik.*

ERICH *sieht ihr nach; ist nun allein:* Altes fünfzigjähriges
Stück Scheiße – – *Ab – – und nun spielt die Realschülerin im zweiten Stock wieder, und zwar wieder die* »Geschichten aus dem Wiener Wald« *von Johann Strauß.*

OSKAR *kommt mit Alfred – – er deutet auf den Rollstuhl:*
Das dort ist sein neuer Fiaker – –

ALFRED So ein Schlaganfall ist kein Witz. Was? »Zu vermieten«?

OSKAR *lächelt:* Auch das, lieber Herr – – Es hat sich hier
ausgezaubert, das heißt: falls er sich nicht wieder mit
unserer Mariann versöhnt – –

ALFRED Wie traurig das alles ist! Glaubens mir nur,
ich bin an dieser ganzen Geschicht eigentlich unschuldig – – heut begreif ich mich gar nicht, ich hab es doch
so gut gehabt früher, ohne Kummer und ohne Sorgen – – und dann laßt man sich in so ein unüberlegtes
Abenteuer hineintreiben – – es geschieht mir schon
ganz recht, weiß der Teufel, was in mich gefahren ist!

OSKAR Das ist halt die große Liebe gewesen.

ALFRED Oh, nein! Dazu hab ich schon gar kein Talent – –
Ich war nur zu weich. Ich kann halt nicht nein-sagen,
und dann wird so eine Liaison automatisch immer
ärger. Ich wollt nämlich seinerzeit Ihre Verlobung wirklich nicht auseinanderbringen – – aber die liebe Mariann bestand auf dem Alles-oder-nichts-Standpunkt.
Verstehens mich?

OSKAR Leicht! Der Mann ist ja nur der scheinbar aktive
Teil und das Weib nur der scheinbar passive – – wenn
man da näher hineinleuchtet – –

ALFRED Abgründe tun sich auf.

OSKAR Und sehens, deshalb war ich Ihnen persönlich eigentlich nie so recht bös – – Ihnen hab ich nie etwas
Böses gewünscht.

ALFRED Aber der Mariann?

OSKAR *lächelt:* Ja, die hat bitter büßen müssen, das arme
Hascherl – – für die große Leidenschaft ihres Lebens – –

ALFRED Nein, soviel Leut ins Unglück zu stürzen –! Wirklich: wir Männer müßten mehr zusammenhalten.

OSKAR Wir sind halt zu naiv.

ALFRED Allerdings.

Stille.

ALFRED Herr Oskar. Ich weiß gar nicht, wie ich Ihnen
danken soll, daß Sie es übernommen haben, mich mit
der Frau Mathild wieder auszusöhnen – –

OSKAR *unterbricht ihn:* Pst!

MATHILDE *kommt mit dem Zauberkönig aus der Puppenklinik; er stützt sich auf zwei Stöcke und scheint fast
völlig gelähmt – nur die Arme kann er gebrauchen; sie
setzt ihn in den Rollstuhl; breitet eine Decke über seine
Beine und legt ihm die Maiglöckchen in den Schoß – –
und nun bricht der Walzer ab, mitten im Takt: So – – So,*

mein Kind. Jetzt kannst du dann spazierenfahren, aber bleibt nicht zu lang aus und gib schön acht auf dich, hörst du? Ich bin in einer halben Stund wieder da – – am besten, du fahrst bis zum Spielplatz und wieder retour – – *Sie erblickt Oskar – Alfred hatte sich bereits in der Türnische der Fleischhauerei versteckt.* Ah der Oskar! Guten Morgen, Oskar!

OSKAR Guten Morgen!

MATHILDE Hörst du, Leopold? Der liebe Oskar ist da, der Oskar!

ZAUBERKÖNIG *nickt.*

MATHILDE *zu Oskar:* Es geht uns heut schon viel besser, und es wird schon noch werden! Wir müssen uns nur vor jeder Aufregung hüten, denn die kleinste Aufregung kann mit einem zweiten Schlaganfall enden und dann – – hörst du? Also nur nicht aufregen – – still, kein Wort! Das strengt dich ja nur an – – fahr jetzt zu, und auf Wiedersehen in einer halben Stund! Verlier meine Maiglöckchen nicht!

ZAUBERKÖNIG *ab in seinem Rollstuhl.*

OSKAR Rührend, wie du dich um den Krüppel kümmerst.

MATHILDE Ich bin ja auch die einzige, die sich um ihn kümmert, das liegt halt so in der weiblichen Natur – – ein gewisses Muttergefühl – – *Sie schminkt sich vor ihrem Taschenspiegel.* Oskar. Allmählich krieg ich eine schöne Macht über ihn, weil er auf mich angewiesen ist – – und ich werd ihn mit der Mariann versöhnen – – er wird sich schon versöhnen, schon aus lauter Angst vor dem zweiten Schlaganfall – – nämlich auf diese seine Angst bau ich meinen Plan auf, wirst schon sehen, dieser Haustyrann wird noch aus der Hand fressen – –

OSKAR Mathild. Auch mit dir möcht sich jemand versöhnen.

MATHILDE Wer? Erich?

OSKAR Nein.

MATHILDE Sondern?

OSKAR Dort – –

MATHILDE *nähert sich der Fleischhauerei und erblickt Alfred.*

ALFRED *grüßt.*
  Stille.

MATHILDE Ach!

ALFRED Ich bitte dich um Verzeihung.
  Stille.
  Du ahnst es ja nicht, was mich diese Reue für innere Kämpfe gekostet hat, dieser Gang nach Canossa – – Ich hab ja schon vor mir selbst gar kein Schamgefühl mehr, weil ich weiß, daß ich dir unrecht getan hab.

MATHILDE Mir?

ALFRED Ja.

MATHILDE Wann denn?

ALFRED *ist perplex.*

MATHILDE Mir hast du nichts Schlechtes getan.

ALFRED *ist noch perplexer; er lächelt verlegen:* Na ich hab dich doch verlassen – –

MATHILDE Du mich? Ich dich! Und außerdem war das auch nichts Schlechtes, sondern nur etwas sehr Gutes, merk dir das, du eitler Aff!

ALFRED Wir sind als gute Kameraden auseinander, verstanden?

MATHILDE Wir zwei sind getrennte Leut, verstanden?! Weil ich mit einem ausgemachten Halunken in der Zukunft nichts mehr zu tun haben möcht!
  Stille.

ALFRED Wieso denn ein ausgemachter? Du hast doch grad selber gesagt, daß ich dir nichts getan hab!

MATHILDE Mir nichts! Aber der Mariann! Und deinem Kind?

Stille.

ALFRED Die Mariann hat immer gesagt, ich könnt hypnotisieren. – *Er schreit sie an.* Was kann ich denn dafür, daß ich auf die Frauen so stark wirk?!

MATHILDE Schrei mich nicht an!

OSKAR Meiner Meinung nach, war der Herr Alfred relativ gut zur Mariann – –

MATHILDE Wenn ihr Mannsbilder nur wieder zusammenhelft! Oh, ich hab aber auch noch mein weibliches Solidaritätsgefühl! *Zu Alfred.* So klein möcht ich dich sehen, so klein!

Stille.

ALFRED Ich bin eine geschlagene Armee. Das mußt du mir nicht sagen, daß ich ein schlechter Mensch bin, das weiß ich, weil ich halt zuguterletzt ein schwacher Mensch bin. Ich brauch immer jemand, für den ich sorgen kann und muß, sonst verkomm ich sofort. Für die Mariann konnt ich aber nicht sorgen, das war mein spezielles Pech – – Ja, wenn ich noch einiges Kapital gehabt hätt, dann hätt ich ja wieder auf die Rennplätz hinauskönnen, trotzdem daß sie es nicht hat haben wollen – –

MATHILDE Sie hat es nicht haben wollen?

ALFRED Aus moralischen Gründen.

MATHILDE Das war aber dumm von ihr, wo das doch dein eigenstes Gebiet ist.

ALFRED Siehst du! Und an diesem Lebensauffassungsunterschied zerschellte auch schließlich unser Verhältnis. Ganz von allein.

MATHILDE Lüg nicht.

Stille.

ALFRED Mathild. Ich hab eine Hautcreme vertreten, Füllfederhalter und orientalische Teppich – – es ist mir alles danebengelungen und nun steck ich in einer direkt schweinischen Situation. Du hast doch früher auch für eine jede Schweinerei Verständnis gehabt – –

MATHILDE *unterbricht ihn:* Was würdest du tun, wenn ich dir jetzt fünfzig Schilling leihen würde?

Stille.

ALFRED Fünfzig?

MATHILDE Ja.

ALFRED Ich würde natürlich sofort telegrafisch in Maisons-Laffitte Sieg und Platz – –

MATHILDE *unterbricht ihn:* Und? Und?

ALFRED Wieso?

MATHILDE Und den Gewinn?

Stille.

ALFRED *lächelt hinterlistig:* Den voraussichtlichen Gewinn würde ich morgen persönlich meinem Söhnchen überreichen – –

MATHILDE Werden sehen –! Werden sehen!

MARIANNE *kommt rasch und erschrickt.*

OSKAR Mariann!

MATHILDE Na also!

MARIANNE *starrt einen nach dem anderen an – will rasch wieder fort.*

MATHILDE Halt! Dageblieben! Jetzt werden wir mal den Schmutz da zusammenräumen – – jetzt kommt die große Stöberei! Jetzt wird versöhnt und basta!

Stille.

OSKAR Mariann, ich verzeihe dir gern alles, was du mir angetan hast – – denn lieben bereitet mehr Glück als geliebt zu werden – – Wenn du nämlich nur noch einen Funken Gefühl in dir hast, so mußt du es jetzt spüren, daß ich dich trotz allem noch heute an den Altar führen

tät, wenn du nämlich noch frei wärst – – ich mein jetzt
das Kind – –
Stille.

MARIANNE Was denkst du da?

OSKAR *lächelt:* Es tut mir leid.

MARIANNE Was?

OSKAR Das Kind –
Stille.

MARIANNE So laß doch das Kind in Ruh – – Was hat dir
denn das Kind getan? Schau mich doch nicht so dumm
an!

MATHILDE Mariann! Hier wird jetzt versöhnt!

MARIANNE *deutet auf Alfred:* Aber nicht mit dem!

MATHILDE Auch mit dem! Alles oder nichts! Auch das ist
doch nur ein Mensch!

ALFRED Ich danke dir.

MARIANNE Gestern hast du noch gesagt, daß er ein gemeines Tier ist.

MATHILDE Gestern war gestern und heut ist heut und
außerdem kümmer dich um deine Privatangelegenheiten.

ALFRED Nur wer sich wandelt, bleibt mit mir verwandt.

OSKAR *zu Marianne:*
Denn so lang du dies nicht hast
Dieses Stirb und Werde!
Bist du noch ein trüber Gast
Auf der dunklen Erde!

MARIANNE *grinst:* Gott, seid ihr gebildet – –

OSKAR Das sind doch nur Kalendersprüch!

MATHILDE Sprüch oder nicht Sprüch! Auch das ist doch
nur ein Mensch mit all seinen angeborenen Fehlern und
Lastern – – Du hast ihm halt auch keinen genügend
starken inneren Halt gegeben!

MARIANNE Ich hab getan, was ich tun konnte!

MATHILDE Du bist halt zu jung!

Stille.

ALFRED Zu guter Letzt war ich ja auch kein Engel.

MATHILDE Zu guter Letzt ist bei einer solchen Liaison überhaupt nie jemand schuld – – das ist doch zu guter Letzt eine Frage der Planeten, wie man sich gegenseitig bestrahlt und so.

MARIANNE Mich hat man aber eingesperrt.

Stille.

Sie haben mich sehr erniedrigt.

OSKAR Die Polizei trägt allerdings keine Glacéhandschuhe.

MATHILDE Waren es wenigstens weibliche Kriminalbeamte?

MARIANNE Teils.

ZAUBERKÖNIG *erscheint im Rollstuhl; er bremst scharf und sperrt den Mund auf.*

MATHILDE *eilt auf ihn zu, beugt sich über ihn, streichelt ihn und spricht wie zu einem kleinen Kind:* Nicht, nicht, nicht – – nur nicht aufregen, nicht aufregen, nicht aufregen – – Wer ist denn das dort, wer ist denn das? – – Das ist ja unsere Mariann, die Mariann, die Mariann – – Leopold! Der liebe Gott hat dir einen Fingerzeig gegeben – – daß du nämlich noch unter uns bist – – Still! Reg dich nur nicht auf, reg dich nicht auf – – sonst kommt der zweite Schlaganfall, der zweite Schlaganfall, und dann, und dann – – Still! Versöhn dich lieber, versöhn dich, versöhn dich – – Und du wirst auch dein Geschäft wieder weiterführen können, es wird alles wieder besser, wieder besser, besser, besser – – – –

ZAUBERKÖNIG *schiebt Mathilde zur Seite und starrt auf Marianne und Alfred.*

Stille.

ALFRED *grüßt.*

MARIANNE Guten Tag – –

Stille.

ZAUBERKÖNIG *da seine linke Gesichtshälfte gelähmt ist,*
spricht er als hätte er einen Sprachfehler: Guten Tag.

MARIANNE *zuckt zusammen und starrt ihn entsetzt an.*

ZAUBERKÖNIG *zu Mathilde:* Was hat sie denn?

Stille.

ZAUBERKÖNIG Ach so – – meine moderne Aussprach – –
Jaja, das kommt davon, das kommt davon – – – – So
Gott will.

Stille.

ZAUBERKÖNIG Was starrt ihr mich denn so an? So regts
mich doch nicht so auf, ihr blöden Vieher!!

MARIANNE Armer Papa, armer Papa! *Sie stürzt zu ihm hin,*
fällt in die Knie, vergräbt ihren Kopf in seinem Schoß
und weint leise.

ZAUBERKÖNIG *tief gerührt; langsam streicht er ihr durch*
das Haar: Die Mariann, die Mariann – – – – Du dummes Weiberl, dummes Weiberl – – *Er hält plötzlich inne*
und schiebt Marianne zur Seite. Was ist das, was ist
das?! *Er steht ruckartig auf.* Ich glaub, ich kann ja
wieder gehen – – *Er versucht es auf einen Stock gestützt*
und es gelingt.

MATHILDE Ein Wunder! Ein Wunder – –

ZAUBERKÖNIG *auf und ab:* Ich kann wieder gehen, ich
kann wieder gehen!

MATHILDE Siehst du deine gute Tat!

ZAUBERKÖNIG Das ist halt eine reine Nervensach, so ein
Schlaganfall – –!

OSKAR Und durch diese freudige Erschütterung – –

ZAUBERKÖNIG *unterbricht ihn:* Gewiß, gewiß! Ein neuer
Mensch, wie der Vogel Phönix! *Er reißt mit seinem*
Stock die »Zu vermieten«-Zettel ab. Bravo, Mariann!

Bravo! Das hab ich jetzt indirekt dir zu verdanken! *Er kneift sie in die Wange* – – und morgen –! *sehr langsam* – – und morgen, morgen geht der liebe gute Großpapa zum Bubi* – – Er singt.* Zum Bubi! Zum Bubi! *Er grinst und gibt Marianne mit dem Stock einen Klaps auf den Hintern.*

MARIANNE Au! *Sie lacht überglücklich.*

Ende des sechsten Bildes

Siebentes Bild

Draußen in der Wachau.
Ein Häuschen am Fuße einer Burgruine.
Die Tochter hängt die Wäsche auf, die Mutter schält
Erdäpfel und die Großmutter sitzt in der Sonne vor einem
kleinen Tischerl und stimmt ihre Zither. Und in der Nähe
fließt die schöne blaue Donau.

ALRED *kommt – er sieht sich suchend um und grüßt die*
   Tochter.

DIE TOCHTER *grüßt zurück, läßt ihre Wäsche im Stich und*
   nähert sich ihm: Wollen der Herr vielleicht auf den
   Turm?

ALFRED Auf was für einen Turm?

DIE TOCHTER Auf unsern Turm – – Nämlich dem Besteiger
   bietet sich droben eine prächtige Fernsicht und eine
   instruktive Rundsicht – – Wenn der Herr wollen, werd
   ich den Herrn führen.

ALFRED *lächelt weltmännisch:* Was kostet das?

DIE TOCHTER Zwanzig Groschen.
   Stille.

ALFRED Wem gehört denn diese Ruine?

DIE TOCHTER Dem Staat. Wir verwalten sie nur – – aber in
   der Nacht möcht ich nicht um alles hinauf, denn dann
   kommen die Gespenster und erschrecken die Leut.

ALFRED Was für Gespenster?

DIE TOCHTER Na so eine Art Ritter Blaubart, der wo seine
   Gemahlinnen im Bett mit der Schaufel erschlagen hat.

ALFRED *lächelt wieder weltmännisch:* Das liegt aber nicht
   an uns armen Männern – –

DIE TOCHTER Nanana – –

DIE MUTTER *ruft:* Julie! Was möcht denn der Herr?

DIE TOCHTER Er möcht auf unsern Turm hinauf!

DIE MUTTER Das ist etwas anderes! – –

ALFRED *zur Tochter:* Ich hab zwar eigentlich nicht ge-
möcht, aber in Anbetracht einer solchen charmanten
Führung – – *Er folgt der Tochter in die Ruine.*

DIE GROSSMUTTER Frieda!

DIE MUTTER Ja Mama?

DIE GROSSMUTTER Mir gefällt die Julie nicht mehr.

DIE MUTTER Mein Gott, mir auch nicht – –

DIE GROSSMUTTER Eine feine Tochter hast du da – – Frech
und faul! Ganz der Herr Papa!

DIE MUTTER So laß doch den Mann in Ruh! Jetzt liegt er
schon zehn Jahr unter der Erden und gibst ihm noch
immer keine Ruh!

DIE GROSSMUTTER Wer hat ihn denn so früh unter die
Erden gebracht? Ich vielleicht? Oder der liebe Alkohol?
Deine ganze Mitgift hat er versoffen!

DIE MUTTER Jetzt will ich aber nichts mehr hören, ich will
nicht!

DIE GROSSMUTTER Halts Maul! *Sie spielt auf ihrer Zither
den Doppeladlermarsch.*

DIE TOCHTER *erscheint nun mit Alfred auf der Spitze des
Turmes.*

ALFRED *lauscht:* Wer spielt denn da so fesch?

DIE TOCHTER Das ist die Großmutter.

ALFRED Großmutter? Resolut! Resolut!

DIE TOCHTER Mit mir traut sie sich ja nicht anzubandeln,
ich laß mir nämlich nichts gefallen. Brav sein, bittschön.
Stille.

ALFRED Sie spielt aber sehr musikalisch.

DIE TOCHTER Sie spielt nur dann, wenn sie eine schlechte Laune hat.

ALFRED Was ist ihr denn übers Leberl gekrochen?

DIE TOCHTER Ein tragischer Unglücksfall. Gestern.

ALFRED *lächelt:* Sehr tragisch?

DIE TOCHTER Geh reden wir von was anderem! Nein, nicht so – –

DIE GROSSMUTTER *beendet nun ihren Marsch:* Frieda! Hast du ihr schon den Brief geschrieben?

DIE MUTTER Nein.

DIE GROSSMUTTER Soll ich ihn vielleicht schreiben?

DIE MUTTER Ich schreib ihn schon, ich schreib ihn schon – – Herrgott, ist das alles entsetzlich! Sie wird uns noch Vorwürf machen, daß wir nicht aufgepaßt haben – –

DIE GROSSMUTTER Wir? Du! Du, willst du wohl sagen!

DIE MUTTER Was kann denn ich dafür?

DIE GROSSMUTTER Wars vielleicht meine Idee, ein Kind in Kost zu nehmen?! Nein, das war deine Idee – – weil du etwas kleines Liebes um dich hast haben wollen, hast du gesagt! Hast du gesagt! Ich war immer dagegen. Mit sowas hat man nur Scherereien! Wegen der lumpigen fünfzehn Schilling im Monat – –

DIE MUTTER Gut. Bin ich wieder schuld. Gut. Am End bin ich dann vielleicht auch daran schuld, daß der Bubi gestern in die Donau gefallen ist – – bin ich daran schuld, daß er ertrunken ist?!

DIE GROSSMUTTER *schweigt boshaft und spielt auf ihrer Zither leise den Donauwellenwalzer.*

DIE MUTTER *sieht ihr haßerfüllt zu:* Altes Luder – *Wütend ab mit ihren Erdäpfeln in das Häuschen.*

ALFRED Unsere Donau ist halt doch was Schönes. Wie die so dahinfließt – – das ist schon sehr schön.

DIE TOCHTER Ich wollt, ich wär in Wien!

ALFRED Und ich wollt, ich könnt immer heraußen sein – –
so still vor mich hinleben, in so einem Häuschen, und
nichts mehr hören – –

DIE TOCHTER Was kann man denn hier heraußen schon
werden?

ALFRED Und was bin ich in Wien geworden?

DIE TOCHTER Ich wüßt schon, was ich machen tät in Wien!
Ich käm schon durch!

ALFRED Auch Sie würden ihnen nicht entrinnen – –

DIE TOCHTER Wem?

ALFRED Den Männern.

DIE TOCHTER Na das würd ich aber schon selber in die
Hand nehmen!

ALFRED Resolut! Resolut! Ganz die liebe Großmama!
Pause.

DIE TOCHTER Was möchten Sie eigentlich hier heraußen,
Sie schöner Mann aus Wien?

ALFRED eigentlich such ich hier ein bestimmtes Haus. Das
Haus Nummer siebzehn.

DIE TOCHTER Nummer siebzehn?

DIE GROSSMUTTER *hört nun auf zu spielen und strickt.*

ALFRED Ja. Dort ist nämlich ein kleines Kinderl in Pflege.
Ein Bubi. Und davon bin ich der Herr Papa – – Was
schauns mich denn so geistesabwesend an?

DIE TOCHTER *langsam:* Sie sind der Papa?

ALFRED *lächelt:* Derselbe.

DIE TOCHTER Der Papa von dem Bubi?

ALFRED Trauns mir denn das nicht zu? Oder habens schon
von mir gehört, weil Sie mich so spaßig fixieren? Hat
vielleicht die Mama von dem Bubi sehr über mich
geschimpft? Wir haben uns nämlich entzweit – –

DIE TOCHTER Nein, das ist entsetzlich – –

ALFRED Was habens denn?

Stille.

DIE TOCHTER Nein, das bring ich nicht heraus – – das bring ich nicht heraus – –

ALFRED Schauns mich an.

DIE TOCHTER *schaut ihn an:* Ich kann Sie nicht anschaun – –

ALFRED Aber ich seh mich doch in Ihren Augen – –

DIE TOCHTER Herr! Wir da unten, wir sind ja das Haus Nummer siebzehn – – und es ist ein fürchterliches Unglück passiert – – gestern – –

ALFRED Was?

DIE TOCHTER Mit dem Bubi, Herr – – mit Ihrem Bubi – – Er hat bei der Donau gespielt und ist hineingefallen – –

ALFRED Tot?!

DIE TOCHTER Ja. Ertrunken – –
Stille.

ALFRED In der Donau.

DIE TOCHTER Und er war doch so herzig, unser Bubi – –
Sie weint.

ALFRED *schließt sie in seine Arme:* Nicht weinen, nicht weinen – –

DIE TOCHTER Ich kenne Sie nicht, Herr – – aber Sie sind sicher kein schlechter Mensch – – daß Sie nämlich als der eigene Vater mich eigentlich Fremde noch trösten – –
Stille.

ALFRED Wie groß war er denn schon, der Bubi?

DIE TOCHTER So groß – –
Stille.

ALFRED Und die Mutter? Ist sie schon unterrichtet?

DIE TOCHTER Nein, wir traun uns ja gar nicht, ihr zu schreiben – – wir haben doch das Kind alle so gern gehabt! Nur die Großmutter hat das gleich geahnt – – sie war immer dagegen, daß wir ein Kind in Pflege nehmen – – Jetzt triumphiert sie natürlich.
Stille.

ALFRED In die Donau, in unsere schöne blaue Donau –
DIE TOCHTER Sehens, da kommen die Fischer, die den Bubi
   suchen – –

DIE FISCHER *mit langen Stöcken und Haken, kommen und
   sprechen mit der Mutter, die wieder aus dem Häuschen
   getreten ist; die Großmutter horcht.*
DIE TOCHTER Möchtens nicht hinunter?
ALFRED Nein. Jetzt möcht ich allein sein – –
DIE TOCHTER Über uns webt das Schicksal Knoten in unser
   Leben – –
ALFRED Ich bin viel allein.
DIE TOCHTER Ich auch.

DIE FISCHER *gehen nun wieder.*
DIE MUTTER Sie haben noch immer nichts gefunden.
DIE GROSSMUTTER Kann man sich ja denken!
DIE MUTTER Was du dir so alles denkst – –
DIE GROSSMUTTER Gottseidank!
   Stille.
DIE GROSSMUTTER Vielleicht ist es ihr gar nicht so entsetz-
   lich – – ich meine jetzt deine Fräulein Mariann – – Man
   kennt ja diese Sorte Fräuleins – – vielleicht wird das
   Fräulein sogar zufrieden sein, daß sie es los hat – –
DIE MUTTER Mama! Bist du danebem?!
DIE GROSSMUTTER Was fällt dir ein, du Mistvieh?!
DIE MUTTER Was fällt dir ein, du Ungeheuer?! Das Fräulein
   ist doch auch nur eine Mutter, genau wie du!!
DIE GROSSMUTTER *kreischt:* Vergleich mich nicht mit ihr!
   Ich hab mein Kind in Ehren geboren oder bist du ein
   unehelicher Schlampen?! Wo kein Segen von oben dabei
   ist, das endet nicht gut und soll es auch nicht! Wo
   kämen wir denn da hin?! *Sie spielt wieder ihren Doppeladlermarsch.*

DIE MUTTER Spiel nicht! So hör doch auf!!

DIE GROSSMUTTER Gut! Aber dann wird jetzt hier endlich geschrieben – – und wenn du zu feig dazu bist, dann diktier ich dir! *Sie erhebt sich.* Setz dich her! Hier hast du Papier und Bleistift – – ich habs schon vorbereitet.

DIE MUTTER Ungeheuer – –

DIE GROSSMUTTER Kusch! Setz dich! Schreib! Freu dich, daß ich dir hilf!

DIE MUTTER *setzt sich.*

DIE GROSSMUTTER *geht gebeugt auf und ab und diktiert:* Wertes Fräulein! – – jawohl: Fräulein! – – Leider müssen wir Ihnen eine für Sie recht traurige Mitteilung machen. Gott der Allmächtige hat es mit seinem unerforschlichen Willen so gewollt, daß Sie, wertes Fräulein, kein Kind mehr haben sollen. Das Kind hat gestern in den Donauauen gespielt und ist beim Spielen in die Donau gefallen – – Punkt. Aber trösten Sie sich, Gott der Allmächtige liebt die unschuldigen Kinder. Punkt. Mich und meine Familie trifft wirklich keine Schuld. Neuer Absatz. Ich spreche Ihnen, wertes Fräulein, auch im Namen meiner lieben Mutter und meiner Tochter, unser innigstes Beileid aus, Schluß. Mit vorzüglicher Hochachtung Ihre Frieda so und so –

MARIANNE *kommt mit Zauberkönig, Mathilde und Oskar, denen sie etwas vorausgeeilt ist:* Guten Tag, liebe Frau Kreutler! Küßdiehand, Großmutter! Jetzt war ich aber lang nicht mehr da, ich bin ja nur froh, daß ich euch wiederseh – – Das ist mein Vater!

ZAUBERKÖNIG *grüßt.*

DIE MUTTER *starrt ihn an.*

MARIANNE *wird es plötzlich unheimlich:* Was habt ihr denn – –?

DIE GROSSMUTTER *reicht ihr den Brief.*

MARIANNE *nimmt ihr mechanisch den Brief ab und sieht sich scheu um; bange:* Wo ist der Bubi? Wo ist denn der Bubi?

DIE GROSSMUTTER Lesen, bitte. Lesen – –

MARIANNE *liest den Brief.*

ZAUBERKÖNIG Na wo ist denn der Bucibubi? Bubi! Bucibubi! *Er hält ein Kinderspielzeug in der Hand, an dem Glöckchen befestigt sind und läutet damit.* Der Opapa ist da! Der Opapa!

MARIANNE *läßt den Brief fallen.*
Stille.

ZAUBERKÖNIG *plötzlich ängstlich:* Mariann! Ist denn was passiert?

MATHILDE *hat den Brief aufgehoben und gelesen; jetzt schreit sie:* Maria! Tot ist er! Hin ist er, der Bucibubi! Tot!!

ZAUBERKÖNIG *wankt – – läßt das Kinderspielzeug fallen und hält die Hand vors Gesicht.*
Stille.

DIE GROSSMUTTER *hebt neugierig das Kinderspielzeug auf und läutet damit.*

MARIANNE *beobachtet sie – – stürzt sich plötzlich heiser brüllend auf sie und will sie mit der Zither erschlagen.*

OSKAR *drückt ihr die Kehle zu.*

MARIANNE *röchelt und läßt die Zither fallen.*
Stille.

DIE GROSSMUTTER *leise:* Du Luder. Du Bestie. Du Zuchthäuslerin – – Mich? Mich möchst du erschlagen, mich?

DIE MUTTER *schreit die Großmutter plötzlich an:* Jetzt schau aber, daß du ins Haus kommst! Marsch! Marsch!

DIE GROSSMUTTER *geht langsam auf die Mutter zu:* Dir tät es ja schon lange passen, wenn ich schon unter der Erden wär – – nicht? Aber ich geh halt noch nicht, ich geh noch nicht – – Da! *Sie gibt der Mutter eine Ohr-*

feige. Verfaulen sollt ihr alle, die ihr mir den Tod wünscht! *Ab in das Häuschen.*
Stille

DIE MUTTER *schluchzt:* Na, das sollst du mir büßen – – *Ihr nach.*

ZAUBERKÖNIG *nimmt langsam die Hand vom Gesicht:* Der zweite Schlaganfall, der zweite Schlaganfall – – nein nein nein, lieber Gott, laß mich noch da, lieber Gott – – *Er bekreuzigt sich.* Vater unser, der du bist im Himmel – – groß bist du und gerecht – – nicht wahr, du bist gerecht? Laß mich noch, laß mich noch – – – – Oh, du bist gerecht, oh du bist gerecht! *Er richtet sich seine Krawatte und geht langsam ab.*

MARIANNE Ich hab mal Gott gefragt, was er mit mir vor hat – – Er hat es mir aber nicht gesagt, sonst wär ich nämlich nicht mehr da – – – – Er hat mir überhaupt nichts gesagt – – Er hat mich überraschen wollen – – Pfui!

OSKAR Marianne! Hadere nie mit Gott!

MARIANNE Pfui! Pfui! *Sie spuckt aus.*
Stille

OSKAR Mariann. Gott weiß, was er tut, glaub mir das.

MARIANNE Bubi! Wo bist du denn jetzt? Wo?

OSKAR Im Paradies.

MARIANNE So quäl mich doch nicht – –

OSKAR Ich bin doch kein Sadist! Ich möcht dich doch nur trösten – – Dein Leben liegt doch noch vor dir. Du stehst doch erst am Anfang – – Gott gibt und Gott nimmt – –

MARIANNE Mir hat er nur genommen, nur genommen – –

OSKAR Gott ist die Liebe, Mariann – – und wen Er liebt, den schlägt Er – –

MARIANNE Mich prügelt er wie einen Hund!

OSKAR Auch das! Wenn es nämlich sein muß.
Stille.

kitschigen Barocksaal wird Oskar und Mariannes
Hochzeit gefeiert: Einzug, Solotanz des Brautpaares
und allgemeiner Tanz; unter den Hochzeitsgästen be-
merkt man Mathilde, Alfred, Erich, den Rittmeister,
die erste und die zweite Tante nebst der ganzen Ver-
wandtschaft, Havlitschek im Sonntagsstaat, den
Beichtvater, die Großmutter, Mutter und Tochter,
Emma und die gnädige Frau, den Conferencier mit
Damen vom Ballett und den dazugehörigen Kavalieren;
es ist überhaupt alles da, ja selbst der Mister fehlt
nicht – – Er überreicht der Braut einen prächtigen
Strauß weißer Lilien; und allen voran natürlich der
Zauberkönig. – – – – – Dann fällt der Vorhang.

RITTMEISTER *tritt vor den Vorhang:* Meine Damen und
Herren! Leider Gottes sind anläßlich der heutigen
Hochzeit eine derartige Anzahl von Hochzeitsgratula-
tionen eingetroffen, daß sich Oskar und Marianne,
unser junges Paar, außerstande sehen, einem Jeden se-
parat zu danken. Ich habe nun den ehrenvollen Auftrag,
Ihnen, meine Sehrverehrten, im Namen unserer Jung-
vermählten für all die liebenswürdigen Glückwünsche
von ganzem Herzen zu danken! Ich danke Ihnen, meine
Damen und Herren!

ENDE

OSKAR Mariann. Ich hab dir mal gesagt, daß ich es dir nie
wünsch, daß du das durchmachen sollst, was du mir
angetan hast – – und trotzdem hat dir Gott Menschen
gelassen – – die dich trotzdem lieben – – – – und jetzt,
nachdem sich alles so eingerenkt hat – – – – Ich hab dir
mal gesagt, Mariann, du wirst meiner Liebe nicht entgehn – –

MARIANNE Ich kann nicht mehr. Jetzt kann ich nicht
mehr – –

OSKAR Dann komm – – *Er stützt sie, gibt ihr einen Kuß
auf den Mund und ab mit ihr.*

ALFRED *kommt mit der Tochter vom Turm herab.*

MATHILDE *sieht der Tochter nach:* Wo kommst du her?

ALFRED Vom Turm.

MATHILDE Was war das für ein Turm?

ALFRED Sei doch nicht so geschmacklos – –
Stille.

MATHILDE Pardon! Mein herzlichstes Beileid.

ALFRED Danke.
Stille.

ALFRED *zieht Geldscheine aus seiner Hosentasche:* Da.
Jetzt hab ich gestern noch telegrafisch gesetzt und hab
in Maisons-Laffitte gewonnen – – und heut wollt ich
meinem Sohne vierundachtzig Schilling bringen – –

MATHILDE Wir werden ihm einen schönen Grabstein setzen. Vielleicht ein knieendes Englein.

ALFRED Ich bin sehr traurig. Wirklich. Ich hab jetzt grad
so gedacht – – so ohne Kinder hört man eigentlich auf.
Man setzt sich nicht fort und stirbt aus. Schade.

*Nun wird es finster und ein großes Streichorchester
spielt die »Geschichten aus dem Wiener Wald« – – und
die Szene verändert sich zum Schlußtableau: in einem*

Geschichten aus dem Wiener Wald

Volksstück in drei Teilen

Nichts gibt so sehr das Gefühl der
Unendlichkeit als wie die Dummheit.

Personen: Alfred · Die Mutter · Die Großmutter · Der Hierlinger Ferdinand · Valerie · Oskar · Ida · Havlitschek · Rittmeister · Eine gnädige Frau · Marianne · Zauberkönig · Zwei Tanten · Erich · Emma · Helene · Der Dienstbot · Baronin · Beichtvater · Der Mister · Der Conferencier.

Das Stück spielt in unseren Tagen, und zwar in Wien, im Wiener Wald und draußen in der Wachau.

Erster Teil

I
Draußen in der Wachau

*Vor einem Häuschen am Fuße einer Burgruine. Alfred
sitzt im Freien und verzehrt mit gesegnetem Appetit Brot,
Butter und sauere Milch – seine Mutter bringt ihm gerade
ein schärferes Messer.*
*In der Luft ist ein Klingen und Singen – als verklänge
irgendwo immer wieder der Walzer »Geschichten aus dem
Wiener Wald« von Johann Strauß.*
Und in der Nähe fließt die schöne blaue Donau.

DIE MUTTER *sieht Alfred zu – plötzlich ergreift sie seine
Hand, in der er das Messer hält und schaut ihm tief in
die Augen.*

ALFRED *stockt und starrt sie mit vollem Munde mißtrauisch an.*
Stille.

DIE MUTTER *streicht ihm langsam über das Haar:* Das ist
schön von dir, mein lieber Alfred – daß du nämlich
deine liebe Mutter nicht total vergessen hast, lieber
Alfred –

ALFRED Aber wieso denn total vergessen? Ich wär ja schon
längst immer wieder herausgekommen, wenn ich nur
dazu gekommen wär – aber heutzutag kommt doch
schon keiner mehr dazu, vor lauter Krise und Wirbel!
Wenn mich jetzt mein Freund, der Hierlinger Ferdinand, nicht mitgenommen hätt mit seinem Kabriolett,
wer weiß, wann wir uns wiedergesehen hätten!

DIE MUTTER Das ist sehr aufmerksam von deinem Freund,
dem Herrn von Hierlinger.

ALFRED Er ist überhaupt ein reizender Mensch. In einer guten halben Stund holt er mich wieder ab.

DIE MUTTER Schon?

ALFRED Leider!

DIE MUTTER Dann iß bitte nicht die ganze saure Milch zusammen, ich hab sonst nichts da zum Antragen –

ALFRED Der Hierlinger Ferdinand darf ja gar keine saure Milch essen, weil er eine chronische Nikotinvergiftung hat. Er ist ein hochanständiger Kaufmann. Ich hab öfters mit ihm zu tun.

DIE MUTTER Geschäftlich?

ALFRED Auch das.

Stille.

DIE MUTTER Bist du noch bei der Bank?

ALFRED Nein.

DIE MUTTER Sondern?

Stille.

ALFRED Ich taug nicht zum Beamten, das bietet nämlich keine Entfaltungsmöglichkeiten. Die Arbeit im alten Sinne rentiert sich nicht mehr. Wer heutzutag vorwärtskommen will, muß mit der Arbeit der anderen arbeiten. Ich hab mich selbständig gemacht. Finanzierungsgeschäfte und so – *Er verschluckt sich und hustet stark.*

DIE MUTTER *klopft ihm auf den Rücken:* Schmeckts?

ALFRED Jetzt wär ich aber fast erstickt.

DIE MUTTER Ich freu mich nur, daß es dir schmeckt.

Stille.

ALFRED Apropos ersticken: wo steckt denn die liebe Großmutter?

DIE MUTTER Mir scheint, sie sitzt in der Küch und betet.

ALFRED Betet?

DIE MUTTER Sie leidet halt an Angst.

ALFRED Angst?

Stille.

DIE MUTTER Vergiß ihr nur ja nicht zu gratulieren – nächsten Monat wird sie achtzig, und wenn du ihr nicht gratulierst, dann haben wir hier wieder die Höll auf Erden. Du bist doch ihr Liebling.

ALFRED Ich werds mir notieren. *Er notiert es sich.* Großmutter gratulieren. Achtzig. *Er erhebt sich, da er nun satt ist.* Das ist ein biblisches Alter. *Er sieht auf seine Armbanduhr.* Ich glaub, es wird Zeit. Der Hierlinger muß jeden Moment erscheinen. Es ist auch noch eine Dame dabei.

DIE MUTTER Was ist das für eine Dame?

ALFRED Eine ältere Dame.

Stille.

DIE MUTTER Wie alt?

ALFRED So mittel.

DIE MUTTER Hat sie Geld?

ALFRED Ich hab nichts mit ihr zu tun.

Stille.

DIE MUTTER Eine reiche Partie ist nicht das letzte. Du hast halt die Richtige noch nicht gefunden.

ALFRED Möglich! Manchmal möcht ich ja schon so Kinder um mich herum haben, aber dann denk ich mir immer wieder: nein, es soll halt nicht sein –

DIE GROSSMUTTER *tritt mit ihrer Schale saurer Milch aus dem Häuschen:* Frieda! Frieda!

DIE MUTTER Na, wo brennts denn?

DIE GROSSMUTTER Wer hat mir denn da was von meiner saueren Milch gestohlen?

DIE MUTTER Ich. Weil der liebe Alfred noch so einen starken Gusto gehabt hat.

Stille.

DIE GROSSMUTTER Hat er gehabt? Hat er gehabt? – Und da werd ich gar nicht gefragt? Als ob ich schon gar nicht mehr da wär – *Zur Mutter.* Tät dir so passen!

ALFRED Bäääh! *Er streckt ihr die Zunge heraus.*
Stille.

DIE GROSSMUTTER Bäääh! *Sie streckt ihm die Zunge heraus.*
Stille.

DIE GROSSMUTTER *kreischt:* Jetzt möcht ich überhaupt keine Milch mehr haben! Da! *Sie schüttet die Schale aus.*

DER HIERLINGER FERDINAND *kommt mit Valerie, einer hergerichteten Fünfzigerin im Autodreß.*

ALFRED Darf ich bekanntmachen: das ist meine Mutter und das ist mein Freund Ferdinand Hierlinger – und Frau Valerie – und das dort ist meine liebe Großmutter –

DIE MUTTER Das ist sehr schön von Ihnen, Herr von Hierlinger, daß Sie mir den Alfred herausgebracht haben – ich danke Ihnen, danke –

DER HIERLINGER FERDINAND Aber ich bitte, meine Herrschaften! Das ist doch alles nur selbstverständlich! Ich hätt Ihnen ja den Alfred schon öfters herausgebracht – der liebe Alfred hätte ja nur ein Wörterl verlauten dürfen.

DIE MUTTER Nur ein Wörterl?

DER HIERLINGER FERDINAND Wie gesagt – *Er stockt, da er merkt, daß er sich irgendwie verplappert hat.*
Peinliche Stille.

VALERIE Aber schön haben Sies hier heraußen –

DIE MUTTER Wollen die Herrschaften vielleicht mal auf den Turm?

DER HIERLINGER FERDINAND Auf was für einen Turm?

DIE MUTTER Auf unseren Turm da –

DER HIERLINGER FERDINAND Ich bitte, gehört denn da diese hochromantische Ruine den Herrschaften?

DIE MUTTER Nein, die gehört dem Staat. Wir verwalten sie

nur. Wenn die Herrschaften wollen, führ ich die Herrschaften hinauf – nämlich dem Besteiger bietet sich droben eine prächtige Fernsicht und eine instruktive Rundsicht.

DER HIERLINGER FERDINAND Aber gern, sehr gern! Zu charmant, gnädige Frau!

DIE MUTTER *lächelt verlegen:* Aber oh bitte! *Zu Valerie.* Die Dame kommen doch auch mit?

VALERIE Danke, danke – es tut mir schrecklich leid, aber ich kann nicht so hoch hinauf, weil ich dann keine Luft krieg –

DIE MUTTER Also dann auf Wiedersehen! *Ab mit dem Hierlinger Ferdinand.*

VALERIE *zu Alfred:* Dürft ich mal den Herrn um eine kleine Information bitten?

ALFRED Was gibts denn?

DIE GROSSMUTTER *setzt sich an das Tischchen und horcht, hört aber nichts.*

VALERIE Du hast mich wieder mal betrogen.

ALFRED Sonst noch was gefällig?

VALERIE Der Hierlinger erzählt mir grad, daß beim letzten Rennen in Saint-Cloud nicht die Quote hundertachtundsechzig, sondern zweihundertzweiundzwanzig herausgelaufen worden ist –

ALFRED Der Hierlinger lügt.

VALERIE Und das Gedruckte da lügt auch? *Sie hält ihm eine Rennzeitung unter die Nase.*
Stille.

VALERIE *triumphierend:* Na?

ALFRED Nein, du bist halt keine richtige Frau. Du stoßt mich ja direkt von dir – mit derartigen Methoden –

VALERIE Du wirst mir jetzt das geben, was mir gebührt. Siebenundzwanzig Schilling. S'il vous plaît!

ALFRED *gibt ihr das Geld:* Voilà!

VALERIE Merci! *Sie zählt nach.*

ALFRED Kleinliche Person.

VALERIE Ich bin keine Person! Und von heut ab bitte ich es mir aus, daß du mir immer eine schriftliche Quittung –

ALFRED *unterbricht sie:* Bild dir nur ja nichts ein, bitte! *Stille.*

VALERIE Alfred, du sollst mich doch nicht immer betrügen –

ALFRED Und du sollst nicht immer so mißtrauisch zu mir sein – das untergräbt doch nur unser Verhältnis. Du darfst es doch nicht übersehen, daß ein junger Mensch Licht- und Schattenseiten hat, das ist normal. Und ich kann dir nur flüstern: eine rein menschliche Beziehung wird erst dann echt, wenn man was voneinander hat. Alles andere ist Larifari. Und in diesem Sinne bin ich auch dafür, daß wir jetzt unsere freundschaftlich-geschäftlichen Beziehungen nicht deshalb abbrechen, weil die anderen für uns etwa ungesund sind –

VALERIE *unterbricht ihn:* Nein, pfui! Pfui –

ALFRED Na siehst du! Jetzt hast du schon wieder einen anderen Kopf auf! Es wär doch auch zu leichtsinnig von dir, um nicht zu sagen übermütig! Was mach ich denn aus deinem Ruhegehalt, Frau Kanzleiobersekretärswitwe? Dadurch, daß ich eine Rennplatzkapazität bin, wie? Durch meine glückliche Hand beziehen Frau Kanzleiobersekretärswitwe das Gehalt eines aktiven Ministerialdirigenten erster Klass! – Was ist denn schon wieder los?

VALERIE Ich hab jetzt nur an das Grab gedacht.

ALFRED An was für ein Grab?

VALERIE An sein Grab. Immer, wenn ich das hör: Frau Kanzleiobersekretär – dann muß ich an sein Grab denken. *Stille.*

VALERIE Ich kümmer mich zu wenig um das Grab. Meiner Seel, ich glaub, es ist ganz verwildert –

ALFRED Valerie, wenn ich morgen in Maisons-Laffitte gewinn, dann lassen wir sein Grab mal gründlich herrichten. Halb und halb.

VALERIE *küßt plötzlich seine Hand.*

ALFRED Nein, nicht so –

DIE STIMME DES HIERLINGER FERDINAND *vom Turm:* Alfred! Alfred! Es ist wunderschön heroben, und ich komm gleich runter!

ALFRED *ruft hinauf:* Ich bin bereit! *Er fixiert Valerie.* Was? Du weinst?

VALERIE *weinerlich:* Aber keine Idee – *Sie betrachtet sich in ihrem Taschenspiegel.* Gott, bin ich wieder derangiert – höchste Zeit, daß ich mich wieder mal rasier – *Sie schminkt sich mit dem Lippenstift und summt dazu den Trauermarsch von Chopin.*

DIE GROSSMUTTER Alfred!

ALFRED *nähert sich ihr.*

DIE GROSSMUTTER Wann kommst du denn wieder? Bald?

ALFRED Sicher.

DIE GROSSMUTTER Ich hab so Abschiede nicht gern, weißt du. – Daß dir nur nichts passiert, ich hab oft so Angst –

ALFRED Was soll mir denn schon passieren?

Stille.

DIE GROSSMUTTER Wann gibst du mir denn das Geld zurück?

ALFRED Sowie ich es hab.

DIE GROSSMUTTER Ich brauch es nämlich.

ALFRED Zu was brauchst du denn dein Geld?

DIE GROSSMUTTER Nächsten Monat werd ich achtzig – und ich möcht um mein eigenes Geld begraben werden, ich möcht keine milden Gaben, du kennst mich ja –

ALFRED Mach dir nur keine Sorgen, Großmama!

Stille Straße im achten Bezirk

*Von links nach rechts: Oskars gediegene Fleischhauerei
mit halben Rindern und Kälbern, Würsten, Schinken und
Schweinsköpfen in der Auslage. Daneben eine Puppenklinik mit Firmenschild »Zum Zauberkönig« – mit Scherz-
artikeln, Totenköpfen, Puppen, Spielwaren, Raketen,
Zinnsoldaten und einem Skelett im Fenster. Endlich: eine
kleine Tabak-Trafik mit Zeitungen, Zeitschriften und An-
sichtspostkarten vor der Tür. Über der Puppenklinik befindet sich ein Balkon mit Blumen, der zur Privatwohnung
des Zauberkönigs gehört.*

OSKAR *mit weißer Schürze; er steht in der Tür seiner
Fleischhauerei und maniküirt sich mit seinem Taschenmesser; ab und zu lauscht er, denn im zweiten Stock
spielt jemand auf einem ausgeleierten Klavier die »Geschichten aus dem Wiener Wald« von Johann Strauß.*

IDA *ein elfjähriges, herziges, mageres, kurzsichtiges Mäderl, verläßt mit ihrer Markttasche die Fleischhauerei
und will nach rechts ab, hält aber vor der Puppenklinik
und betrachtet die Auslage.*

HAVLITSCHEK *der Gehilfe Oskars, ein Riese mit blutigen
Händen und ebensolcher Schürze, erscheint in der Tür
der Fleischhauerei; er frißt eine kleine Wurst und ist
wütend:* Dummes Luder, dummes –

OSKAR Wer?

HAVLITSCHEK *deutet mit seinem langen Messer auf Ida:*
Das dort! Sagt das dumme Luder nicht, daß meine
Blutwurst nachgelassen hat – meiner Seel, am liebsten
tät ich so was abstechen, und wenn es dann auch mit
dem Messer in der Gurgel herumrennen müßt, wie die
gestrige Sau, dann tät mich das nur freuen!

OSKAR *lächelt:* Wirklich?

IDA *fühlt Oskars Blick, es wird ihr unheimlich; plötzlich rennt sie nach rechts ab.*

HAVLITSCHEK *lacht.*

RITTMEISTER *kommt von links; er ist bereits seit dem Zusammenbruch pensioniert und daher in Zivil; jetzt grüßt er Oskar.*

OSKAR UND HAVLITSCHEK *verbeugen sich – und der Walzer ist aus.*

RITTMEISTER Also das muß ich schon sagen: die gestrige Blutwurst – Kompliment! First class!

OSKAR Zart, nicht?

RITTMEISTER Ein Gedicht!

OSKAR Hast du gehört, Havlitschek?

RITTMEISTER Ist er derjenige, welcher?

HAVLITSCHEK Melde gehorsamst ja, Herr Rittmeister!

RITTMEISTER Alle Achtung!

HAVLITSCHEK Herr Rittmeister sind halt ein Kenner. Ein Gourmand. Ein Weltmann.

RITTMEISTER *zu Oskar:* Ich bin seinerzeit viel in unserer alten Monarchie herumtransferiert worden, aber ich muß schon sagen: Niveau. Niveau!

OSKAR Ist alles nur Tradition, Herr Rittmeister!

RITTMEISTER Wenn Ihr armes Mutterl selig noch unter uns weilen würde, die hätt eine Freude an ihrem Sohn.

OSKAR *lächelt geschmeichelt:* Es hat halt nicht sollen sein, Herr Rittmeister.

RITTMEISTER Wir müssen alle mal fort.

OSKAR Heut vor einem Jahr ist sie fort.

RITTMEISTER Wer?

OSKAR Meine Mama, Herr Rittmeister. Nach dem Essen um halb drei – da hatte sie unser Herrgott erlöst.
Stille.

RITTMEISTER Ist denn das schon ein Jahr her?

Stille.

OSKAR Entschuldigens mich bitte, Herr Rittmeister, aber ich muß mich jetzt noch in Gala werfen – für die Totenmess. *Ab.*

RITTMEISTER *reagiert nicht; ist anderswo.*

Stille.

RITTMEISTER Wieder ein Jahr – bis zwanzig gehts im Schritt, bis vierzig im Trab, und nach vierzig im Galopp –

Stille.

HAVLITSCHEK *frißt nun wieder:* Das ist ein schönes Erdbegräbnis gewesen von der alten gnädigen Frau.

RITTMEISTER Ja, es war sehr gelungen – *Er läßt ihn stehen und nähert sich der Tabak-Trafik, hält einen Augenblick vor dem Skelett in der Puppenklinik; jetzt spielt wieder jemand im zweiten Stock, und zwar den Walzer »Über den Wellen«.*

HAVLITSCHEK *sieht dem Rittmeister nach, spuckt die Wursthaut aus und zieht sich zurück in die Fleischhauerei.*

VALERIE *erscheint in der Tür ihrer Tabak-Trafik.*

RITTMEISTER *grüßt.*

VALERIE *dankt.*

RITTMEISTER Dürft ich mal die Ziehungsliste?

VALERIE *reicht sie ihm aus dem Ständer von der Tür.*

RITTMEISTER Küß die Hand! *Er vertieft sich in die Ziehungsliste; plötzlich bricht der Walzer ab, mitten im Takt.*

VALERIE *schadenfroh:* Was haben wir denn gewonnen, Herr Rittmeister? Das große Los?

RITTMEISTER *reicht ihr die Ziehungsliste wieder zurück:* Ich hab überhaupt noch nie was gewonnen, liebe Frau Valerie. Weiß der Teufel, warum ich spiel! Höchstens, daß ich meinen Einsatz herausbekommen hab.

VALERIE Das ist halt das Glück in der Liebe.

RITTMEISTER Gewesen, gewesen!

VALERIE Aber Herr Rittmeister! Mit dem Profil!

RITTMEISTER Das hat nicht viel zu sagen – wenn man nämlich ein wählerischer Mensch ist. Und eine solche Veranlagung ist eine kostspielige Charaktereigenschaft. Wenn der Krieg nur vierzehn Tage länger gedauert hätt, dann hätt ich heut meine Majorspension.

VALERIE Wenn der Krieg vierzehn Tag länger gedauert hätt, dann hätten wir gesiegt.

RITTMEISTER Menschlichem Ermessen nach –

VALERIE Sicher. *Ab in ihre Tabak-Trafik.*

MARIANNE *begleitet eine gnädige Frau aus der Puppenklinik – jedesmal, wenn diese Ladentür geöffnet wird, ertönt statt eines Klingelzeichens ein Glockenspiel.*

RITTMEISTER *blättert nun in einer Zeitung und horcht.*

DIE GNÄDIGE FRAU Also ich kann mich auf Sie verlassen?

MARIANNE Ganz und gar, gnädige Frau! Wir haben doch hier das erste und älteste Spezialgeschäft im ganzen Bezirk – gnädige Frau bekommen die gewünschten Zinnsoldaten, garantiert und pünktlich!

DIE GNÄDIGE FRAU Also nochmals, nur damit keine Verwechslungen entstehen: drei Schachteln Schwerverwundete und zwei Schachteln Fallende – auch Kavallerie bitte, nicht nur Infanterie – und daß ich sie nur übermorgen früh im Haus hab, sonst weint der Bubi. Er hat nämlich am Freitag Geburtstag, und er möcht doch schon so lang Sanitäter spielen –

MARIANNE Garantiert und pünktlich, gnädige Frau! Vielen Dank, gnädige Frau!

DIE GNÄDIGE FRAU Also Adieu! *Ab nach links.*

DER ZAUBERKÖNIG *erscheint auf seinem Balkon, in Schlafrock und mit Schnurrbartbinde:* Marianne! Bist du da?

MARIANNE Papa?

ZAUBERKÖNIG Wo stecken denn meine Sockenhalter?

MARIANNE Die rosa oder die beige?

ZAUBERKÖNIG Ich hab doch nur mehr die rosa!

MARIANNE Im Schrank links oben, rechts hinten.

ZAUBERKÖNIG Links oben, rechts hinten. Difficile est, satiram non scribere. *Ab.*

RITTMEISTER *zu Marianne:* Immer fleißig, Fräulein Marianne! Immer fleißig!

MARIANNE Arbeit schändet nicht, Herr Rittmeister.

RITTMEISTER Im Gegenteil. Apropos: wann darf man denn gratulieren?

MARIANNE Zu was denn?

RITTMEISTER Na zur Verlobung.

ZAUBERKÖNIG *erscheint wieder auf dem Balkon:* Marianne!

RITTMEISTER Habe die Ehre, Herr Zauberkönig!

ZAUBERKÖNIG Habe die Ehre, Herr Rittmeister! Marianne. Zum letztenmal: wo stecken meine Sockenhalter?

MARIANNE Wo sie immer stecken.

ZAUBERKÖNIG Was ist das für eine Antwort, bitt ich mir aus! Einen Ton hat dieses Ding an sich! Herzig! Zum leiblichen Vater! Wo meine Sockenhalter immer stecken, dort stecken sie nicht.

MARIANNE Dann stecken sie in der Kommod.

ZAUBERKÖNIG Nein.

MARIANNE Dann im Nachtkastl.

ZAUBERKÖNIG Nein.

MARIANNE Dann bei deinen Unterhosen.

ZAUBERKÖNIG Nein.

MARIANNE Dann weiß ich es nicht.

ZAUBERKÖNIG Jetzt frag ich aber zum allerletzenmal: wo stecken meine Sockenhalter!

MARIANNE Ich kann doch nicht zaubern!

ZAUBERKÖNIG *brüllt sie an:* Und ich kann doch nicht mit rutschende Strümpf in die Totenmess! Weil du meine Garderob verschlampst! Jetzt komm aber nur rauf und such du! Aber avanti, avanti!

MARIANNE *ab in die Puppenklinik – und jetzt wird der Walzer »Über den Wellen« wieder weitergespielt.*

ZAUBERKÖNIG *lauscht.*

RITTMEISTER Wer spielt denn da?

ZAUBERKÖNIG Das ist eine Realschülerin im zweiten Stock – ein talentiertes Kind ist das.

RITTMEISTER Ein musikalisches.

ZAUBERKÖNIG Ein frühentwickeltes – *Er summt mit, riecht an den Blumen und genießt ihren Duft.*

RITTMEISTER Es wird Frühling, Herr Zauberkönig.

ZAUBERKÖNIG Endlich! Selbst das Wetter ist verrückt geworden!

RITTMEISTER Das sind wir alle.

ZAUBERKÖNIG Ich nicht.

Pause.

ZAUBERKÖNIG Elend sind wir dran, Herr Rittmeister, elend. Nicht einmal einen Dienstbot kann man sich halten. Wenn ich meine Tochter nicht hätt –

OSKAR *kommt aus seiner Fleischhauerei, in Schwarz und mit Zylinder; er zieht sich soeben schwarze Glacéhandschuhe an.*

ZAUBERKÖNIG Ich bin gleich fertig, Oskar! Die liebe Mariann hat nur wieder mal meine Sockenhalter verhext!

RITTMEISTER Herr Zauberkönig! Dürft ich mir erlauben, Ihnen meine Sockenhalter anzubieten? Ich trag nämlich auch Strumpfbänder, neuerdings –

ZAUBERKÖNIG Zu gütig! Küß die Hand! Aber Ordnung muß sein! Die liebe Mariann wird sie schon wieder herhexen!

RITTMEISTER Der Herr Bräutigam in spe können sich gratulieren.

OSKAR *lüftet den Zylinder und verbeugt sich leicht.*

ZAUBERKÖNIG Wenns Gott mir vergönnt, ja.

RITTMEISTER Mein Kompliment, die Herren! *Ab – und nun ist der Walzer aus.*

MARIANNE *erscheint auf dem Balkon mit den rosa Sockenhaltern:* Hier hab ich jetzt deine Sockenhalter.

ZAUBERKÖNIG Na also!

MARIANNE Du hast sie aus Versehen in die Schmutzwäsch geworfen – und ich hab jetzt das ganze schmutzige Zeug durchwühlen müssen.

ZAUBERKÖNIG Na so was! *Er lächelt väterlich und kneift sie in die Wange.* Brav, brav. Unten steht der Oskar. *Ab.*

OSKAR Marianne! Marianne!

MARIANNE Ja?

OSKAR Willst du denn nicht herunterkommen?

MARIANNE Das muß ich sowieso. *Ab.*

HAVLITSCHEK *erscheint in der Tür der Fleischhauerei; wieder fressend:* Herr Oskar. Was ich noch hab sagen wollen – geh, bittschön, betens auch in meinem Namen ein Vaterunser für die arme gnädige Frau Mutter selig.

OSKAR Gern, Havlitschek.

HAVLITSCHEK Ich sage dankschön, Herr Oskar. *Ab.*

MARIANNE *tritt aus der Puppenklinik.*

OSKAR Ich bin so glücklich, Mariann. Bald ist das Jahr der Trauer ganz vorbei, und morgen leg ich meinen Flor ab. Und am Sonntag ist offizielle Verlobung und Weihnachten Hochzeit. – Ein Bussi, Mariann, ein Vormittagsbussi –

MARIANNE *gibt ihm einen Kuß, fährt aber plötzlich zurück:* Au! Du sollst nicht immer beißen!

OSKAR Hab ich denn jetzt?

MARIANNE Weißt du denn das nicht?

OSKAR Also ich hätt jetzt geschworen –

MARIANNE Daß du mir immer weh tun mußt.

Stille.

OSKAR Böse?

Stille.

OSKAR Na?

MARIANNE Manchmal glaub ich schon, daß du es dir herbeisehnst, daß ich ein böser Mensch sein soll –

OSKAR Marianne! Du weißt, daß ich ein religiöser Mensch bin und daß ich es ernst nehme mit den christlichen Grundsätzen!

MARIANNE Glaubst du vielleicht, ich glaub nicht an Gott? Ph!

OSKAR Ich wollte dich nicht beleidigen. Ich weiß, daß du mich verachtest.

MARIANNE Was fällt dir ein, du Idiot!

Stille.

OSKAR Du liebst mich also nicht?

MARIANNE Was ist Liebe?

Stille.

OSKAR Was denkst du jetzt?

MARIANNE Oskar, wenn uns etwas auseinanderbringen kann, dann bist du es. Du sollst nicht so herumbohren in mir, bitte –

OSKAR Jetzt möcht ich in deinen Kopf hineinsehen können, ich möcht dir mal die Hirnschale herunter und nachkontrollieren, was du da drinnen denkst –

MARIANNE Aber das kannst du nicht.

OSKAR Man ist und bleibt allein.

Stille.

OSKAR *holt aus seiner Tasche eine Bonbonniere hervor:* Darf ich dir diese Bonbons, ich hab sie jetzt ganz vergessen, die im Goldpapier sind mit Likör –

MARIANNE *steckt sich mechanisch ein großes Bonbon in den Mund.*

ZAUBERKÖNIG *tritt rasch aus der Puppenklinik, auch in Schwarz und mit Zylinder:* Also da sind wir. Was hast du da? Schon wieder Bonbons? Aufmerksam, sehr aufmerksam! *Er kostet.* Ananas! Prima! Na was sagst du zu deinem Bräutigam? Zufrieden?

MARIANNE *rasch ab in die Puppenklinik.*

ZAUBERKÖNIG *verdutzt:* Was hat sie denn?

OSKAR Launen.

ZAUBERKÖNIG Übermut! Es geht ihr zu gut!

OSKAR Komm, wir haben keine Zeit, Papa – die Messe –

ZAUBERKÖNIG Aber eine solche Benehmität! Ich glaub gar, daß du sie mir verwöhnst – also nur das nicht, lieber Oskar! Das rächt sich bitter! Was glaubst du, was ich auszustehen gehabt hab in meiner Ehe? Und warum? Nicht weil meine gnädige Frau Gemahlin ein bissiges Mistvieh war, sondern weil ich zu vornehm war, Gott hab sie selig! Nur niemals die Autorität verlieren! Abstand wahren! Patriarchat, kein Matriarchat! Kopf hoch! Daumen runter! Ave Caesar, morituri te salutant! *Ab mit Oskar.*

Jetzt spielt die Realschülerin im zweiten Stock den Walzer »In lauschiger Nacht« von Ziehrer.

MARIANNE *erscheint nun in der Auslage und arrangiert – sie bemüht sich besonders um das Skelett.*

ALFRED *kommt von links, erblickt Marianne von hinten, hält und betrachtet sie.*

MARIANNE *dreht sich um – erblickt Alfred und ist fast fasziniert.*

ALFRED *lächelt.*

MARIANNE *lächelt auch.*

ALFRED *grüßt charmant.*

MARIANNE *dankt.*

ALFRED *nähert sich der Auslage.*

VALERIE *steht nun in der Tür ihrer Tabak-Trafik und betrachtet Alfred.*

ALFRED *trommelt an die Fensterscheibe.*

MARIANNE *sieht ihn plötzlich erschrocken an, läßt rasch den Sonnenvorhang hinter der Fensterscheibe herab – und der Walzer bricht wieder ab, mitten im Takt.*

ALFRED *erblickt Valerie.*

Stille.

VALERIE Wohin?

ALFRED Zu dir, Liebling.

VALERIE Was hat man denn in der Puppenklinik verloren?

ALFRED Ich wollte dir ein Pupperl kaufen.

VALERIE Und an so was hängt man sein Leben.

ALFRED Pardon!

Stille.

ALFRED *krault Valerie am Kinn.*

VALERIE *schlägt ihn auf die Hand.*

Stille.

ALFRED Wer ist denn das Fräulein da drinnen?

VALERIE Das geht dich einen Dreck an.

ALFRED Das ist sogar ein sehr hübsches Fräulein.

VALERIE Haha!

ALFRED Ein schöngewachsenes Fräulein. Daß ich dieses Fräulein noch nie gesehen habe – das ist halt die Tücke des Objekts.

VALERIE Na und?

ALFRED Also ein für allemal: lang halt ich jetzt aber deine hysterischen Eifersüchteleien nicht mehr aus! Ich laß mich nicht tyrannisieren! Das hab ich doch schon gar nicht nötig!

VALERIE Wirklich?

ALFRED Glaub nur ja nicht, daß ich auf dein Geld angewiesen bin!

Stille.

VALERIE Ja, das wird wohl das beste sein –

ALFRED Was?

VALERIE Das wird das beste sein für uns beide, daß wir uns trennen.

ALFRED Aber dann endlich! Und im guten! Und konsequent, wenn man bitten darf! – Da. Das bin ich dir noch schuldig. Mit Quittung. Wir haben in Saint-Cloud nichts verloren und in Le Tremblay gewonnen. Außenseiter. Zähls nach, bitte! *Ab.*

VALERIE *allein; zählt mechanisch das Geld nach – dann sieht sie Alfred langsam nach; leise:* Luder. Mistvieh. Zuhälter. Bestie –

III

Am nächsten Sonntag im Wiener Wald

Auf einer Lichtung am Ufer der schönen blauen Donau.
Der Zauberkönig und Marianne, Oskar, Valerie, Alfred,
einige entfernte Verwandte, unter ihnen Erich aus Kassel
in Preußen, und kleine weißgekleidete häßliche Kinder
machen einen gemeinsamen Ausflug.
Jetzt bilden sie gerade eine malerische Gruppe, denn sie
wollen von Oskar fotografiert werden, der sich noch mit
seinem Stativ beschäftigt – dann stellt er sich selbst in
Positur neben Marianne, maßen er ja mit einem Selbstaus-
löser arbeitet. Und nachdem dieser tadellos funktionierte,
gerät die Gruppe in Bewegung.

ZAUBERKÖNIG Halt! Da capo! Ich glaub, ich hab gewackelt!

OSKAR Aber Papa!

ZAUBERKÖNIG Sicher ist sicher!

ERSTE TANTE Ach ja!

ZWEITE TANTE Das wär doch ewig schad!

ZAUBERKÖNIG Also da capo, da capo!

OSKAR Also gut! *Er beschäftigt sich wieder mit seinem*
  Apparat – und wieder funktioniert der Selbstauslöser
  tadellos.

ZAUBERKÖNIG Ich danke!

DIE GRUPPE *löst sich allmählich auf.*

ERSTE TANTE Lieber Herr Oskar, ich hätt ein großes Verlangen – geh, möchtens nicht mal die Kinderl allein
  abfotografieren, die sind doch heut so herzig –

OSKAR Aber mit Vergnügen! *Er gruppiert die Kinder und*
  küßt die Kleinste.

ZWEITE TANTE *zu Marianne:* Nein, mit welcher Liebe er
  das arrangiert. – Na wenn das kein braver Familien-

vater wird! Ein Kindernarr, ein Kindernarr! Unberufen! *Sie umarmt Marianne und gibt ihr einen Kuß.*

VALERIE *zu Alfred:* Also das ist der Chimborasso.

ALFRED Was für ein Chimborasso?

VALERIE Daß du dich nämlich diesen Herrschaften hier anschließt, wo du doch weißt, daß ich dabei bin – nach all dem, was zwischen uns passiert ist.

ALFRED Was ist denn passiert? Wir sind auseinander. Und noch dazu als gute Kameraden.

VALERIE Nein, du bist halt keine Frau – sonst würdest du meine Gefühle anders respektieren.

ALFRED Was für Gefühle? Noch immer?

VALERIE Als Frau vergißt man nicht so leicht. Es bleibt immer etwas in einem drinnen. Wenn du auch ein großer Gauner bist.

ALFRED Ich bitte dich, werde vernünftig.

VALERIE *plötzlich gehässig:* Das würde dir so passen! *Stille.*

ALFRED Darf sich der Gauner jetzt empfehlen?

VALERIE Wer hat ihn denn hier eingeladen?

ALFRED Sag ich nicht.

VALERIE Man kann sichs ja lebhaft vorstellen, nicht?

ALFRED *zündet sich eine Zigarette an.*

VALERIE Wo hat man sich denn kennengelernt? In der Puppenklinik?

ALFRED Halts Maul.

ZAUBERKÖNIG *nähert sich Alfred mit Erich:* Was höre ich? Die Herrschaften kennen sich noch nicht? Also darf ich bekannt machen: Das ist mein Neffe Erich, der Sohn meines Schwippschwagers aus zweiter Ehe – und das ist Herr Zentner. Stimmts?

ALFRED Gewiß.

ZAUBERKÖNIG Herr von Zentner!

ERICH *mit Brotbeutel und Feldflasche am Gürtel:* Sehr

erfreut!

ZAUBERKÖNIG Erich ist ein Student. Aus Dessau.

ERICH Aus Kassel, Onkel.

ZAUBERKÖNIG Kassel oder Dessau – das verwechsel ich immer! *Er zieht sich zurück.*

ALFRED *zu Valerie:* Ihr kennt euch schon?

VALERIE Oh schon seit Ewigkeiten!

ERICH Ich hatte erst unlängst das Vergnügen. Wir hatten uns über das Burgtheater unterhalten und über den vermeintlichen Siegeszug des Tonfilms.

ALFRED Interessant! *Er verbeugt sich korrekt und zieht sich zurück; jetzt läßt eine Tante ihr Reisegrammophon singen: »Wie eiskalt ist dies Händchen«.*

ERICH *lauscht:* Bohème. Göttlicher Puccini!

MARIANNE *nun neben Alfred; sie lauscht:* Wie eiskalt ist dies Händchen –

ALFRED Das ist Bohème.

MARIANNE Puccini.

VALERIE *zu Erich:* Was kennen Sie denn für Operetten?

ERICH Aber das hat doch mit Kunst nichts zu tun!

VALERIE Geh, wie könnens denn nur so was sagen!

ERICH Kennen Sie die Brüder Karamasow?

VALERIE Nein.

ERICH Das ist Kunst.

MARIANNE *zu Alfred:* Ich wollte mal rhythmische Gymnastik studieren, und dann hab ich von einem eigenen Institut geträumt, aber meine Verwandtschaft hat keinen Sinn für so was. Papa sagt immer, die finanzielle Unabhängigkeit der Frau vom Mann ist der letzte Schritt zum Bolschewismus.

ALFRED Ich bin kein Politiker, aber glauben Sie mir: auch die finanzielle Abhängigkeit des Mannes von der Frau führt zu nichts Gutem. Das sind halt so Naturgesetze.

MARIANNE Das glaub ich nicht.

OSKAR *fotografiert nun den Zauberkönig allein, und zwar in verschiedenen Posen; das Reisegrammophon hat ausgesungen.*

ALFRED Fotografiert er gern, der Herr Bräutigam?

MARIANNE Das tut er leidenschaftlich. Wir kennen uns schon seit acht Jahren.

ALFRED Wie alt waren Sie denn damals? Pardon, das war jetzt nur eine automatische Reaktion!

MARIANNE Ich war damals vierzehn.

ALFRED Das ist nicht viel.

MARIANNE Er ist nämlich ein Jugendfreund von mir. Weil wir Nachbarskinder sind.

ALFRED Und wenn Sie jetzt keine Nachbarskinder gewesen wären?

MARIANNE Wie meinen Sie das?

ALFRED Ich meine, daß das halt alles Naturgesetze sind. Und Schicksal.
Stille.

MARIANNE Schicksal, ja. Eigentlich ist das nämlich gar nicht das, was man halt so Liebe nennt, vielleicht von seiner Seite aus, aber ansonsten – *Sie starrt Alfred plötzlich an.* Nein, was sag ich da, jetzt kenn ich Sie ja noch kaum – mein Gott, wie Sie das alles aus einem herausziehen –

ALFRED Ich will gar nichts aus Ihnen herausziehen. Im Gegenteil.
Stille.

MARIANNE Können Sie hypnotisieren?

OSKAR *zu Alfred:* Pardon! *Zu Marianne.* Darf ich bitten? *Er reicht ihr den Arm und geleitet sie unter eine schöne alte Baumgruppe, wo sich die ganze Gesellschaft bereits zum Picknick gelagert hat.*

ALFRED *folgt Oskar und Marianne und läßt sich ebenfalls nieder.*

ZAUBERKÖNIG Über was haben wir denn gerade geplauscht?

ERSTE TANTE Über die Seelenwanderung.

ZWEITE TANTE Was ist denn das für eine Geschicht, das mit der Seelenwanderung?

ERICH Das ist buddhistische Religionsphilosophie. Die Buddhisten behaupten, daß die Seele eines verstorbenen Menschen in ein Tier hineinfährt – zum Beispiel in einen Elefanten.

ZAUBERKÖNIG Verrückt!

ERICH Oder in eine Schlange.

ERSTE TANTE Pfui!

ERICH Wieso pfui? Das sind doch nur unsere kleinlichen menschlichen Vorurteile! So laßt uns doch mal die geheime Schönheit der Spinnen, Käfer und Tausendfüßler –

ZWEITE TANTE *unterbricht ihn:* Also nur nicht unappetitlich, bittschön!

ERSTE TANTE Mir ist schon übel –

ZAUBERKÖNIG Mir kann heut nichts den Appetit verderben! Solche Würmer gibts gar nicht!

VALERIE Jetzt aber Schluß!

ZAUBERKÖNIG *erhebt sich und klopft mit dem Messer an sein Glas:* Meine lieben Freunde! Zu guter Letzt war es ja schon ein öffentliches Geheimnis, daß meine liebe Tochter Mariann einen Blick auf meinen lieben Oskar geworfen hat –

VALERIE Bravo!

ZAUBERKÖNIG Silentium, gleich bin ich fertig, und nun haben wir uns hier versammelt, das heißt: ich hab euch alle eingeladen, um einen wichtigen Abschnitt im Leben zweier blühender Menschenkinder einfach, aber würdig, in einem kleinen, aber auserwählten Kreise zu feiern. Es tut mir nur heut in der Seele weh, daß Gott der

Allmächtige es meiner unvergeßlichen Gemahlin, der Mariann ihrem lieben Mutterl selig, nicht vergönnt hat, diesen Freudentag ihres einzigen Kindes mitzuerleben. Ich weiß es aber ganz genau, sie steht jetzt sicher hinter einem Stern droben in der Ewigkeit und schaut hier auf uns herab. Und erhebt ihr Glas – *er erhebt sein Glas* – um ein aus dem Herzen kommendes Hoch auf das glückliche, nunmehr und hiermit offiziell verlobte Paar – das junge Paar, Oskar und Marianne, es lebe hoch! Hoch! Hoch!

ALLE Hoch! Hoch! Hoch!

IDA *jenes magere, herzige Mäderl, das seinerzeit Havlitscheks Blutwurst beanstandet hatte, tritt nun weißgekleidet mit einem Blumenstrauß vor das verlobte Paar und rezitiert mit einem Sprachfehler:*

> Die Liebe ist ein Edelstein,
> Sie brennt jahraus, sie brennt jahrein
> Und kann sich nicht verzehren,
> Sie brennt, solang noch Himmelslicht
> In eines Menschen Aug sich bricht,
> Um drin sich zu verklären.

ALLE Bravo! Hoch! Gott, wie herzig!

IDA *überreicht Marianne den Blumenstrauß mit einem Knicks.*

ALLE *streicheln nun Ida und gratulieren dem verlobten Paar in aufgeräumtester Stimmung; das Reisegrammophon spielt nun den Hochzeitsmarsch, und der Zauberkönig küßt Marianne auf die Stirn und Oskar auf den Mund, dann wischt er sich die Tränen aus den Augen, und dann legt er sich in seine Hängematte.*

ERICH *hat eben mit seiner Feldflasche Bruderschaft mit Oskar getrunken:* Mal herhören, Leute! Oskar und Marianne! Ich gestatte mir nun aus dieser Feldflasche auf euer ganz Spezielles zu trinken! Glück und Gesundheit und viele brave deutsche Kinder! Heil!

VALERIE *angeheitert:* Nur keine Neger! Heil!

ERICH Verzeihen, gnädige Frau, aber über diesen Punkt vertrag ich keine frivolen Späße! Dieser Punkt ist mir heilig, Sie kennen meine Stellung zu unserem Rassenproblem.

VALERIE Ein problematischer Mensch. – Halt! So bleibens doch da, Sie komplizierter Mann, Sie –

ERICH Kompliziert. Wie meinen Sie das?

VALERIE Interessant –

ERICH Wieso?

VALERIE Ja glaubens denn, daß ich die Juden mag? Sie großes Kind – *Sie hängt sich ein in das große Kind und schleift es weg; man lagert sich nun im Wald und die kleinen Kindlein spielen und stören.*

OSKAR *singt zur Laute:*

Sei gepriesen, du lauschige Nacht,
Hast zwei Herzen so glücklich gemacht.
Und die Rosen im folgenden Jahr
Sahn ein Paar am Altar!
Auch der Klapperstorch blieb nicht lang aus,
Brachte klappernd den Segen ins Haus.
Und entschwand auch der liebliche Mai,
In der Jugend erblüht er neu!

Er spielt das Lied nochmal, singt aber nicht mehr, sondern summt nur; auch alle anderen summen mit, außer Alfred und Marianne.

ALFRED *nähert sich nämlich Marianne:* Darf man noch einmal gratulieren?

MARIANNE *schließt die Augen.*

ALFRED *küßt lange ihre Hand.*

OSKAR *hatte den Vorgang beobachtet, übergab seine Laute der zweiten Tante, schlich sich heran und steht nun neben Marianne.*

ALFRED *korrekt:* Ich gratuliere!

OSKAR Danke.

ALFRED *verbeugt sich korrekt und will ab.*

OSKAR *sieht ihm nach:* Er beneidet mich um dich – ein geschmackloser Mensch. Wer ist denn das überhaupt?

MARIANNE Ein Kunde.

OSKAR Schon lang?

MARIANNE Gestern war er da und wir sind ins Gespräch gekommen – nicht lang, und dann hab ich ihn gerufen. Er hat sich ein Gesellschaftsspiel gekauft.

VALERIE *schrill:* Was soll das Pfand in meiner Hand?

ERICH Das soll dreimal Muh schreien!

VALERIE Das ist die Tante Henriett, die Tante Henriett!

ERSTE TANTE *stellt sich in Positur und schreit:* Muh! Muh! Muh!

   Großes Gelächter.

VALERIE Und was soll das Pfand in meiner Hand?

ZAUBERKÖNIG Das soll dreimal Mäh schreien!

VALERIE Das bist du selber!

ZAUBERKÖNIG Mäh! Mäh! Mäh!

   Brüllendes Gelächter.

VALERIE Und was soll das Pfand in meiner Hand?

ZWEITE TANTE Der soll etwas demonstrieren!

ERICH Was denn?

ZWEITE TANTE Was er kann!

VALERIE Oskar! Hast du gehört, Oskar? Du sollst uns etwas demonstrieren!

ERICH Was du willst!

ZAUBERKÖNIG Was du kannst!

   Stille.

OSKAR Meine Damen und Herren, ich werde Ihnen etwas sehr Nützliches demonstrieren, nämlich ich hab mich mit der japanischen Selbstverteidigungsmethode beschäftigt. Mit dem sogenannten Jiu-Jitsu. Und nun pas-

sens bitte auf, wie man seinen Gegner spielend kampfunfähig machen kann — *Er stürzt sich plötzlich auf
Marianne und demonstriert an ihr seine Griffe.*

MARIANNE *stürzt zu Boden:* Au! Au! Au! —

ERSTE TANTE Nein, dieser Rohling!

ZAUBERKÖNIG Bravo! Bravissimo!

OSKAR *zur ersten Tante:* Aber ich hab doch den Griff nur
markiert, sonst hätt ich ihr doch das Rückgrat verletzt!

ERSTE TANTE Das auch noch!

ZAUBERKÖNIG *klopft Oskar auf die Schulter:* Sehr geschickt! Sehr einleuchtend!

ZWEITE TANTE *hilft Marianne beim Aufstehen:* Ein so zartes Frauerl. — Haben wir denn doch ein Pfand?

VALERIE Leider! Schluß. Aus!

ZAUBERKÖNIG Dann hätt ich ein Projekt! Jetzt gehen wir
alle baden! Hinein in die kühle Flut! Ich schwitz eh
schon wie ein gselchter Aff!

ERICH Eine ausgezeichnete Idee!

VALERIE Aber wo sollen sich denn die Damen entkleiden?

ZAUBERKÖNIG Nichts leichter als das! Die Damen rechts,
die Herren links! Also auf Wiedersehen in unserer schönen blauen Donau!

*Jetzt spielt das Reisegrammophon den Walzer »An der
schönen blauen Donau«, und die Damen verschwinden
rechts, die Herren links — Valerie und Alfred sind die
letzten.*

VALERIE Alfred!

ALFRED Bitte?

VALERIE *trällert die Walzermelodie nach und zieht ihre
Bluse aus.*

ALFRED Nun?

VALERIE *wirft ihm eine Kußhand zu.*

ALFRED Adieu!

VALERIE Moment! Gefällt dem Herrn Baron das Fräulein

Braut?

ALFRED *fixiert sie – geht dann rasch auf sie zu und hält knapp vor ihr:* Hauch mich an!

VALERIE Wie komm ich dazu!

ALFRED Hauch mich an!

VALERIE *haucht ihn an.*

ALFRED Du Alkoholistin.

VALERIE Das ist doch nur ein Schwips, den ich da hab, du Vegetarianer! Der Mensch denkt und Gott lenkt. Man feiert doch nicht alle Tage Verlobung – und Entlobung, du Schweinehund –

ALFRED Einen anderen Ton, wenn ich bitten darf!

VALERIE Daß du mich nicht anrührst, daß du mich nicht anrührst –

ALFRED Toll! Als hätt ich dich schon jemals angerührt.

VALERIE Und am siebzehnten März?
Stille.

ALFRED Wie du dir alles merkst –

VALERIE Alles. Das Gute und das Böse – *Sie hält sich plötzlich die Bluse vor.* Geh! Ich möcht mich jetzt ausziehen!

ALFRED Als hätt ich dich nicht schon so gesehen –

VALERIE *kreischt:* Schau mich nicht so an! Geh! Geh!

ALFRED Hysterische Kuh – *Ab nach links.*

VALERIE *allein; sieht ihm nach:* Luder. Mistvieh. Drecksau. Bestie. *Sie zieht sich aus.*

ZAUBERKÖNIG *taucht im Schwimmanzug hinter dem Busch auf und sieht zu.*

VALERIE *hat nun nur mehr das Hemd, Schlüpfer und Strümpfe an, sie entdeckt den Zauberkönig:* Jesus Maria Josef! Oh du Hallodri! Mir scheint gar, du bist ein Voyeur –

ZAUBERKÖNIG Ich bin doch nicht pervers. Zieh dich nur ruhig weiter aus.

VALERIE Nein, ich hab doch noch mein Schamgefühl.

ZAUBERKÖNIG Geh, in der heutigen Zeit!

VALERIE Aber ich hab halt so eine verflixte Phantasie – *Sie trippelt hinter einen Busch.*

ZAUBERKÖNIG *läßt sich vor dem Busch nieder, entdeckt Valeries Korsett, nimmt es an sich und riecht daran:* Mit oder ohne Phantasie – diese heutige Zeit ist eine verkehrte Welt! Ohne Treu, ohne Glauben, ohne sittliche Grundsätz. Alles wackelt, nichts steht mehr fest. Reif für die Sintflut – *Er legt das Korsett wieder beiseite, denn es duftet nicht gerade überwältigend.* Ich bin nur froh, daß ich die Mariann angebracht hab, eine Fleischhauerei ist immer noch solid –

VALERIES STIMME Na und die Trafikantinnen?

ZAUBERKÖNIG Auch! Rauchen und Fressen werden die Leut immer – aber zaubern? Wenn ich mich so mit der Zukunft beschäftig, da wirds mir manchmal ganz pessimistisch. Ich habs ja überhaupt nicht leicht gehabt in meinem Leben, ich muß ja nur an meine Frau selig denken – diese ewige Schererei mit den Spezialärzten –

VALERIE *erscheint nun im Badetrikot; sie beschäftigt sich mit dem Schulterknöpfchen:* An was ist sie denn eigentlich gestorben?

ZAUBERKÖNIG *stiert auf ihren Busen:* An der Brust.

VALERIE Doch nicht Krebs?

ZAUBERKÖNIG Doch. Krebs.

VALERIE Ach, die Ärmste.

ZAUBERKÖNIG Ich war auch nicht zu beneiden. Man hat ihr die linke Brust wegoperiert – sie ist überhaupt nie gesund gewesen, aber ihre Eltern haben mir das verheimlicht. – Wenn ich dich daneben anschau: stattlich, also direkt königlich. – Eine königliche Person.

VALERIE *macht nun Rumpfbeugen:* Was wißt ihr Mannsbilder schon von der Tragödie des Weibes? Wenn wir uns nicht so herrichten und pflegen täten –

ZAUBERKÖNIG *unterbricht sie:* Glaubst du, ich muß mich nicht pflegen?

VALERIE Das schon. Aber bei einem Herrn sieht man doch in erster Linie auf das Innere – *Sie macht nun in rhythmischer Gymnastik.*

ZAUBERKÖNIG *sieht ihr zu und macht dann Kniebeugen.*

VALERIE Hach, jetzt bin ich aber müd! *Sie wirft sich neben ihn hin.*

ZAUBERKÖNIG Der sterbende Schwan. *Er nimmt neben ihr Platz.*
Stille.

VALERIE Darf ich meinen Kopf in deinen Schoß legen?

ZAUBERKÖNIG Auf der Alm gibts keine Sünd!

VALERIE *tut es:* Die Erd ist nämlich noch hart – heuer war der Winter lang.
Stille.

VALERIE *leise:* Du. Gehts dir auch so? Wenn die Sonn so auf meine Haut scheint, wirds mir immer so weißnichtwie –

ZAUBERKÖNIG Wie? Sags mir.
Stille.

VALERIE Du hast doch zuvor mit meinem Korsett gespielt?
Stille.

ZAUBERKÖNIG Na und?

VALERIE Na und?

ZAUBERKÖNIG *wirft sich plötzlich über sie und küßt sie.*

VALERIE Gott, was für ein Temperament – das hätt ich dir gar nicht zugetraut – du schlimmer Mensch, du –

ZAUBERKÖNIG Bin ich sehr schlimm?

VALERIE Ja – nein, du! Halt, da kommt wer! *Sie kugeln auseinander.*

ERICH *kommt in Badehose mit einem Luftdruckgewehr:* Verzeihung, Onkel! Du wirst es doch gestatten, wenn ich es mir jetzt gestatte, hier zu schießen?

ZAUBERKÖNIG Was willst du?

ERICH Schießen.

ZAUBERKÖNIG Du willst hier schießen?

ERICH Nach der Scheibe auf jener Buche dort. Übermorgen steigt nämlich das monatliche Preisschießen unseres akademischen Wehrverbandes und da möchte ich es mir nur gestatten, mich etwas einzuschießen. Also darf ich?

VALERIE Natürlich.

ZAUBERKÖNIG Natürlich? *Zu Valerie.* Natürlich! *Er erhebt sich.* Wehrverband! Sehr natürlich! Nur das Schießen nicht verlernen. – Ich geh mich jetzt abkühlen! In unsere schöne blaue Donau! *Für sich.* Hängts euch auf! *Ab.*

ERICH *ladet, zielt und schießt.*

VALERIE *sieht ihm zu; nach dem dritten Schuß:* Pardon, wenn ich Sie molestiere – was studieren der junge Herr eigentlich?

ERICH Jus. Drittes Semester. *Er zielt.* Arbeitsrecht. *Schuß.*

VALERIE Arbeitsrecht. Ist denn das nicht recht langweilig?

ERICH *ladet:* Ich habe Aussicht, dereinst als Syndikus mein Unterkommen zu finden. *Er zielt.* In der Industrie. *Schuß.*

VALERIE Und wie gefällt Ihnen unsere Wiener Stadt?

ERICH Herrliches Barock.

VALERIE Und die süßen Wiener Maderln?

ERICH Offen gesagt: Ich kann mit jungen Mädchen nichts anfangen. Ich war nämlich schon mal verlobt und hatte nur bittere Enttäuschungen, weil Käthe eben zu jung war, um meinem Ich Verständnis entgegenbringen zu können. Bei jungen Mädchen verschwendet man seine Gefühle an die falsche Adresse. Dann schon lieber eine reifere Frau, die einem auch etwas geben kann.

Schuß.

VALERIE Wo wohnen Sie denn?

ERICH Ich möchte gerne ausziehen.

VALERIE Ich hätt ein möbliertes Zimmer.

ERICH Preiswert?

VALERIE Geschenkt.

ERICH Das träfe sich ja famos.

Schuß.

VALERIE Herr Syndikus – geh, lassens mich auch mal schießen –

ERICH Mit Vergnügen!

VALERIE Ganz meinerseits. *Sie nimmt ihm das Gewehr ab.* Waren Sie noch Soldat?

ERICH Leider nein – ich bin doch Jahrgang 1911.

VALERIE 1911 – *Sie zielt lange.*

ERICH *kommandiert:* Stillgestanden! Achtung! Feuer!

VALERIE *schießt nicht – langsam läßt sie das Gewehr sinken und sieht ihn ernst an.*

ERICH Was ist denn los?

VALERIE Au! *Sie krümmt sich plötzlich und wimmert.* Ich hab so Stechen. – Meine arme Niere –
Stille.

ERICH Kann ich Ihnen behilflich sein?

VALERIE Danke. – Jetzt ist es schon wieder vorbei. Das ist nämlich oft so, wenn ich mich freudig aufreg – ich muß halt immer gleich büßen. Jetzt kann ich das Ziel nicht mehr sehen –

ERICH *verwirrt:* Was für ein Ziel?

VALERIE Weil es halt schon dämmert – *Sie umarmt ihn und er läßt sich umarmen; ein Kuß.* Ein Ziel ist immer etwas Erstrebenswertes. Ein Mensch ohne Ziel ist kein Mensch. – Du – du – Neunzehnhundertelfer – –

IV

An der schönen blauen Donau

Nun ist die Sonne untergegangen, es dämmert bereits, und in der Ferne spielt der lieben Tante ihr Reisegrammophon den »Frühlingsstimmen-Walzer« von Johann Strauß.

ALFRED *in Bademantel und Strohhut – er blickt verträumt auf das andere Ufer.*

MARIANNE *steigt aus der schönen blauen Donau und erkennt Alfred.*

Stille.

ALFRED *lüftet den Strohhut:* Ich wußte es, daß Sie hier landen werden.

MARIANNE Woher wußten Sie das?

ALFRED Ich wußt es.

Stille.

MARIANNE Die Donau ist weich wie Samt –

ALFRED Wie Samt.

MARIANNE Heut möcht ich weit fort – heut könnt man im Freien übernachten.

ALFRED Leicht.

MARIANNE Ach, wir armen Kulturmenschen! Was haben wir von unserer Natur!

ALFRED Was haben wir aus unserer Natur gemacht? Eine Zwangsjacke. Keiner darf, wie er will.

MARIANNE Und keiner will, wie er darf.

Stille.

ALFRED Und keiner darf, wie er kann.

MARIANNE Und keiner kann, wie er soll –

ALFRED *umarmt sie mit großer Gebärde, und sie wehrt sich mit keiner Faser – ein langer Kuß.*

MARIANNE *haucht:* Ich habs gewußt, ich habs gewußt –

ALFRED Ich auch.

MARIANNE Liebst du mich, wie du solltest –?

ALFRED Das hab ich im Gefühl. Komm, setzen wir uns. *Sie setzen sich.*

Stille.

MARIANNE Ich bin nur froh, daß du nicht dumm bist – ich bin nämlich von lauter dummen Menschen umgeben. Auch Papa ist kein Kirchenlicht – und manchmal glaub ich sogar, er will sich durch mich an meinem armen Mutterl selig rächen. Die war nämlich sehr eigensinnig.

ALFRED Du denkst zuviel.

MARIANNE Jetzt gehts mir gut. Jetzt möcht ich singen. Immer, wenn ich traurig bin, möcht ich singen – *Sie summt und verstummt wieder.* Warum sagst du kein Wort?

Stille.

ALFRED Liebst du mich?

MARIANNE Sehr.

ALFRED So wie du solltest? Ich meine, ob du mich vernünftig liebst?

MARIANNE Vernünftig?

ALFRED Ich meine, ob du keine Unüberlegtheiten machen wirst – denn dafür könnt ich keine Verantwortung übernehmen.

MARIANNE Oh Mann, grübl doch nicht – grübl nicht, schau die Sterne – die werden noch droben hängen, wenn wir drunten liegen –

ALFRED Ich laß mich verbrennen.

MARIANNE Ich auch – du, o du – du –

Stille.

MARIANNE Du – wie der Blitz hast du in mich eingeschlagen und hat mich gespalten – jetzt weiß ich es aber ganz genau.

ALFRED Was?

MARIANNE Daß ich ihn nicht heiraten werde –

ALFRED Mariann!

MARIANNE Was hast du denn?

Stille.

ALFRED Ich hab kein Geld.

MARIANNE Oh warum sprichst du jetzt davon?!

ALFRED Weil das meine primitivste Pflicht ist! Noch nie in meinem Leben hab ich eine Verlobung zerstört, und zwar prinzipiell! Lieben ja, aber dadurch zwei Menschen auseinanderbringen – nein! Dazu fehlt mir das moralische Recht! Prinzipiell!

Stille.

MARIANNE Ich hab mich nicht getäuscht, du bist ein feiner Mensch. Jetzt fühl ich mich doppelt zu dir gehörig – ich paß nicht zu Oskar und basta!

Es ist inzwischen finster geworden und nun steigen in der Nähe Raketen.

ALFRED Raketen. Deine Verlobungsraketen.

MARIANNE Unsere Verlobungsraketen.

ALFRED Und bengalisches Licht.

MARIANNE Blau, grün, gelb, rot –

ALFRED Sie werden dich suchen.

MARIANNE Sie sollen uns finden – bleib mir, du, dich hat mir der Himmel gesandt, mein Schutzengel –

Jetzt gibt es bengalisches Licht – blau, grün, gelb, rot – und beleuchtet Alfred und Marianne; und den Zauberkönig, der knapp vor ihnen steht mit der Hand auf dem Herzen.

MARIANNE *schreit unterdrückt auf.*

Stille.

ALFRED *geht auf den Zauberkönig zu:* Herr Zauberkönig –

ZAUBERKÖNIG *unterbricht ihn:* Schweigen Sie! Mir brauchen Sie nichts zu erklären, ich hab ja alles gehört – na, das ist ja ein gediegener Skandal! Am Verlobungstag –!

Nacket herumliegen! Küß die Hand! Mariann! Zieh dich an! Daß nur der Oskar nicht kommt – Jesus Maria und ein Stückerl Josef!

ALFRED Ich trag natürlich sämtliche Konsequenzen, wenn es sein muß.

ZAUBERKÖNIG Sie haben da gar nichts zu tragen! Sie haben sich aus dem Staube zu machen, Sie Herr! Diese Verlobung darf nicht platzen, auch aus moralischen Gründen nicht! Daß mir keine Seele was erfährt, Sie Halunk – Ehrenwort!

ALFRED Ehrenwort!

MARIANNE Nein!!

ZAUBERKÖNIG *unterdrückt:* Brüll nicht! Bist du danebben? Zieh dich an, aber marsch-marsch! Du Badhur!

OSKAR *erscheint und überblickt die Situation:* Marianne! Marianne!

ZAUBERKÖNIG Krach in die Melon!
Stille.

ALFRED Das Fräulein Braut haben bis jetzt geschwommen.

MARIANNE Lüg nicht! So lüg doch nicht! Nein, ich bin nicht geschwommen, ich mag nicht mehr schwimmen! Ich laß mich von euch nicht mehr tyrannisieren. Jetzt bricht der Sklave seine Fessel – da! *Sie wirft Oskar den Verlobungsring ins Gesicht.* Ich laß mir mein Leben nicht verhunzen, das ist mein Leben! Gott hat mir im letzten Moment diesen Mann da zugeführt. – Nein, ich heirat dich nicht, ich heirat dich nicht, ich heirat dich nicht!! Meinetwegen soll unsere Puppenklinik verrecken, eher heut als morgen!

ZAUBERKÖNIG Das einzige Kind! Das werd ich mir merken!
Stille.

Während zuvor Marianne geschrien hat, sind auch die

übrigen Ausflügler erschienen und horchen interessiert und schadenfroh zu.

OSKAR *tritt zu Marianne:* Mariann, ich wünsch dir nie, daß du das durchmachen sollst, was jetzt in mir vorgeht – und ich werde dich auch noch weiter lieben, du entgehst mir nicht – und ich danke dir für alles. *Ab. Stille.*

ZAUBERKÖNIG *zu Alfred:* Was sind Sie denn überhaupt?

ALFRED Ich?

VALERIE Nichts. Nichts ist er.

ZAUBERKÖNIG Ein Nichts. Das auch noch. Ich habe keine Tochter mehr! *Ab mit den Ausflüglern – Alfred und Marianne bleiben allein zurück; jetzt scheint der Mond.*

ALFRED Ich bitte dich um Verzeihung.

MARIANNE *reicht ihm die Hand.*

ALFRED Daß ich dich nämlich nicht hab haben wollen – dafür trägt aber nur mein Verantwortungsgefühl die Verantwortung. Ich bin deiner Liebe nicht wert, ich kann dir keine Existenz bieten, ich bin überhaupt kein Mensch –

MARIANNE Mich kann nichts erschüttern. Laß mich aus dir einen Menschen machen – du machst mich so groß und weit –

ALFRED Und du erhöhst mich. Ich werd ganz klein vor dir in seelischer Hinsicht.

MARIANNE Und ich geh direkt aus mir heraus und schau mir nach – jetzt, siehst du, jetzt bin ich schon ganz weit fort von mir – ganz dort hinten, ich kann mich kaum mehr sehen. – Von dir möcht ich ein Kind haben –

Ende des ersten Teiles

Zweiter Teil

I

Wieder in der stillen Straße im achten Bezirk, vor Oskars Fleischhauerei, der Puppenklinik und Frau Valeries Tabak-Trafik. Die Sonne scheint wie dazumal und auch die Realschülerin im zweiten Stock spielt noch immer die »Geschichten aus dem Wiener Wald« von Johann Strauß.

HAVLITSCHEK *steht in der Tür der Fleischhauerei und frißt Wurst.*

DAS FRÄULEIN EMMA *ein Mädchen für alles, steht mit einer Markttasche neben ihm; sie lauscht der Musik:* Herr Havlitschek –

HAVLITSCHEK Ich bitte schön?

EMMA Musik ist doch etwas Schönes, nicht?

HAVLITSCHEK Ich könnt mir schon noch etwas Schöneres vorstellen, Fräulein Emma.

EMMA *summt leise den Walzer mit.*

HAVLITSCHEK Das tät nämlich auch von Ihnen abhängen, Fräulein Emma.

EMMA Mir scheint gar, Sie sind ein Casanova, Herr Havlitschek.

HAVLITSCHEK Sagens nur ruhig Ladislaus zu mir.
Pause.

EMMA Gestern hab ich von Ihrem Herrn Oskar geträumt.

HAVLITSCHEK Haben Sie sich nix Gescheiteres träumen können?

EMMA Der Herr Oskar hat immer so große melancholische Augen – es tut einem direkt weh, wenn er einen anschaut –

HAVLITSCHEK Das macht die Liebe.

EMMA Wie meinen Sie das jetzt?

HAVLITSCHEK Ich meine das jetzt so, daß er in ein nichts-
nutziges Frauenzimmer verliebt ist – die hat ihn nämlich sitzen lassen, schon vor einem Jahr, und ist sich mit
einem andern Nichtsnutzigen auf und davon.

EMMA Und er liebt sie noch immer? Das find ich aber
schön.

HAVLITSCHEK Das find ich blöd.

EMMA Aber eine große Leidenschaft ist doch was Roman-
tisches –

HAVLITSCHEK Nein, das ist etwas Ungesundes! Schauns
doch nur, wie er ausschaut, er quält sich ja direkt
selbst – es fällt ihm schon gar keine andere Frau mehr
auf, und derweil hat er Geld wie Heu und ist soweit
auch ein Charakter, der könnt doch für jeden Finger
eine gute Partie haben – aber nein! Akkurat auf die
läufige Bestie hat er sich versetzt – weiß der Teufel, was
er treibt!

EMMA Wie meinen Sie das jetzt wieder, Herr Havlitschek?

HAVLITSCHEK Ich meine das so, daß man es nicht weiß, wo
er es hinausschwitzt.

EMMA O Sie garstiger Mann!
Pause.

HAVLITSCHEK Fräulein Emma. Morgen ist Freitag und ich
bin an der Endhaltestelle von der Linie achtundsechzig.

EMMA Ich kann aber nicht vor drei.

HAVLITSCHEK Das soll kein Hindernis sein.
Pause.

EMMA Also um halb vier – und vergessens aber nur ja
nicht, was Sie mir versprochen haben – daß Sie nämlich
nicht schlimm sein werden, lieber Ladislaus – *Ab.*

HAVLITSCHEK *sieht ihr nach und spuckt die Wursthaut
aus:* Dummes Luder, dummes –

OSKAR *tritt aus seiner Fleischhauerei:* Daß du es nur ja

nicht vergißt: wir müssen heut noch die Sau abstechen. – Stichs du, ich hab heut keinen Spaß daran.
Pause.

HAVLITSCHEK Darf ich einmal ein offenes Wörterl reden,
Herr Oskar?

OSKAR Dreht sichs um die Sau?

HAVLITSCHEK Es dreht sich schon um eine Sau, aber nicht
um dieselbe Sau. – Herr Oskar, bittschön, nehmens
Ihnen das nicht so zu Herzen, das mit Ihrer gewesenen
Fräulein Braut, schauns, Weiber gibts wie Mist! Ein
jeder Krüppel findt ein Weib und sogar die Geschlechts-
kranken auch! Und die Weiber sehen sich ja in den
entscheidenden Punkten alle ähnlich, glaubens mir, ich
meine es ehrlich mit Ihnen! Die Weiber haben keine
Seele, das ist nur äußerliches Fleisch! Und man soll so
ein Weib auch nicht schonend behandeln, das ist ein
Versäumnis, sondern man soll ihr nur gleich das Maul
zerreißen oder so!
Pause.

OSKAR Das Weib ist ein Rätsel, Havlitschek. Eine Sphinx.
Ich hab mal der Mariann ihre Schrift zu verschiedenen
Graphologen getragen – und der erste hat gesagt, also
das ist die Schrift eines Vampirs, und der zweite hat
gesagt, das ist eine gute Kameradin, und der dritte hat
gesagt, das ist die ideale Hausfrau in persona. Ein
Engel.

II

Möbliertes Zimmer im achtzehnten Bezirk

Äußerst preiswert. Um sieben Uhr morgens. Alfred liegt noch im Bett und raucht Zigaretten. Marianne putzt sich bereits die Zähne. In der Ecke ein alter Kinderwagen – auf einer Schnur hängen Windeln. Der Tag ist grau und das Licht trüb.

MARIANNE *gurgelt:* Du hast mal gesagt, ich sei ein Engel. Ich habe gleich gesagt, daß ich kein Engel bin – daß ich nur ein gewöhnliches Menschenkind bin, ohne Ambitionen. Aber du bist halt ein kalter Verstandesmensch.

ALFRED Du weißt, daß ich kein Verstandesmensch bin.

MARIANNE Doch! *Sie frisiert sich nun.* Ich müßt mir mal die Haar schneiden lassen.

ALFRED Ich auch.

Stille.

Mariannderl. Warum stehst denn schon so früh auf?

MARIANNE Weil ich nicht schlafen kann.

Stille.

ALFRED Fühlst dich nicht gut in deiner Haut?

MARIANNE Du vielleicht? *Sie fixieren sich.*

ALFRED Wer hat mir denn die Rennplätz verleidet? Seit einem geschlagenen Jahr hab ich keinen Buchmacher mehr gesprochen, geschweige denn einen Fachmann – jetzt darf ich mich natürlich aufhängen! Neue Saisons, neue Favoriten! Zweijährige, dreijährige – ich hab keinen Kontakt mehr zur neuen Generation. Und warum nicht? Weil ich ausgerechnet eine Hautcreme verschleiß, die keiner kauft, weil sie miserabel ist!

MARIANNE Die Leut haben halt kein Geld.

ALFRED Nimm nur die Leut in Schutz!

MARIANNE Ich mach dir doch keine Vorwürf, du kannst

doch nichts dafür.

ALFRED Das wäre ja noch schöner!

MARIANNE Als ob ich was für die wirtschaftliche Krise könnt!

ALFRED Oh du egozentrische Person. – Wer hat mir denn den irrsinnigen Rat gegeben, als Kosmetik-Agent herumzurennen? Du! *Er steht auf.* Wo stecken denn meine Sockenhalter?

MARIANNE *deutet auf einen Stuhl:* Dort.

ALFRED Nein.

MARIANNE Dann auf dem Nachtkastl.

ALFRED Nein.

MARIANNE Dann weiß ich es nicht.

ALFRED Du hast es aber zu wissen!

MARIANNE Nein, genau wie Papa –

ALFRED Vergleich mich nicht immer mit dem alten Trottel!

MARIANNE Nicht so laut! Wenn das Kind aufwacht, dann kenn ich mich wieder nicht aus vor lauter Geschrei! *Stille.*

ALFRED Also das mit dem Kind muß auch anders werden. Wir können doch nicht drei Seelen hoch in diesem Loch vegetieren! Das Kind muß weg!

MARIANNE Das Kind bleibt da.

ALFRED Das Kind kommt weg.

MARIANNE Nein. Nie! *Stille.*

ALFRED Wo stecken meine Sockenhalter?

MARIANNE *sieht ihn groß an:* Weißt du, was das heut für ein Datum ist?

ALFRED Nein.

MARIANNE Heut ist der Zwölfte. *Stille.*

ALFRED Was willst du damit sagen?

MARIANNE Daß das heut ein Gedenktag ist. Heut vor einem Jahr hab ich dich zum erstenmal gesehen. In unserer Auslag.

ALFRED Ich bitt dich, red nicht immer in Hieroglyphen! Wir sind doch keine Ägypter! In was für einer Auslag?

MARIANNE Ich hab grad das Skelett arrangiert und da hast du an die Auslag geklopft. Und da hab ich die Rouleaus heruntergelassen, weil es mir plötzlich unheimlich geworden ist.

ALFRED Stimmt.

MARIANNE Ich war viel allein – *Sie weint leise.*

ALFRED So flenn doch nicht schon wieder. – Schau, Marianderl, ich versteh dich ja hundertperzentig mit deinem mütterlichen Egoismus, aber es ist doch nur im Interesse unseres Kindes, daß es aus diesem feuchten Loch herauskommt – hier ist es grau und trüb, und draußen bei meiner Mutter in der Wachau scheint die Sonne.

MARIANNE Das schon –

ALFRED Na also!

Stille.

MARIANNE Über uns webt das Schicksal Knoten in unser Leben – *Sie fixiert plötzlich Alfred.* Was hast du jetzt gesagt?

ALFRED Wieso?

MARIANNE Du hast gesagt: dummes Kalb.

ALFRED Aber was!

MARIANNE Lüg nicht!

ALFRED *putzt sich die Zähne und gurgelt.*

MARIANNE Du sollst mich nicht immer beschimpfen.

Stille.

ALFRED *seift sich nun ein, um sich zu rasieren:* Liebes Kind, es gibt eben etwas, was ich aus tiefster Seel heraus haß – und das ist die Dummheit. Und du stellst dich schon manchmal penetrant dumm. Ich versteh das gar nicht, warum du so dumm bist! Du hast es doch schon gar nicht nötig, daß du so dumm bist!

Stille.

MARIANNE Du hast mal gesagt, daß ich dich erhöh – in seelischer Hinsicht –

ALFRED Das hab ich nie gesagt. Das kann ich gar nicht gesagt haben. Und wenn, dann hab ich mich getäuscht.

MARIANNE Alfred!

ALFRED Nicht so laut! So denk doch an das Kind!

MARIANNE Ich hab so Angst, Alfred –

ALFRED Du siehst Gespenster.

MARIANNE Du, wenn du jetzt nämlich alles vergessen hast –

ALFRED Quatsch!

III

Kleines Café im zweiten Bezirk

DER HIERLINGER FERDINAND *spielt gegen sich selbst Billard.*

ALFRED *kommt.*

DER HIERLINGER FERDINAND Servus Alfred! Na das ist aber hübsch, daß ich dich wieder mal seh – was machst denn für ein fades Gesicht?

ALFRED Ich bin halt sehr nervös.

DER HIERLINGER FERDINAND Nervosität ist nie gut. Komm sei so gut und spiel mit mir, damit du auf andere Gedanken kommst – *Er reicht ihm ein Queue.* Bis fünfzig und du fangst an!

ALFRED Bon. *Er patzt.* Aus ist!

DER HIERLINGER FERDINAND *kommt dran:* Ist das jetzt wahr, daß du wieder ein Bankbeamter geworden bist?

ALFRED Ist ja alles überfüllt!

DER HIERLINGER FERDINAND Cherchez la femme! Wenn die Lieb erwacht, sitzt der Verstand im Hintern!

ALFRED Mein lieber Ferdinand – hier dreht es sich nicht um den kühlen Kopf, sondern um ein ganz anderes Organ – *Er legt seine Hand aufs Herz.* Es gibt ein Märchen von Andersen, wo der unartige Knabe dem guten alten Dichter mitten ins Herz schießt – Amor, lieber Ferdinand, Gott Amor!

DER HIERLINGER FERDINAND *ist in seine Serie vertieft:* Da hätt man buserieren solln –

ALFRED Ich bin halt ein weicher Mensch, und sie hat an meine Jugendideale appelliert. Zuerst war ja eine gewisse normale Leidenschaftlichkeit dabei – und dann, wie der ursprüngliche Reiz weg war, kam das Mitleid bei mir. Sie ist halt so ein Typ, bei dem der richtige Mann mütterlich wird, obwohl sie manchmal schon ein

boshaftes Luder ist. Meiner Seel, ich glaub, ich bin ihr
hörig!

DER HIERLINGER FERDINAND Hörigkeit ist eine Blutfrage.
Eine Temperaturfrage des Blutes.

ALFRED Glaubst du?

DER HIERLINGER FERDINAND Bestimmt.

Stille.

DER HIERLINGER FERDINAND Du bist dran: Elf!

ALFRED *spielt nun.*

DER HIERLINGER FERDINAND Alfred! Weißt du aber auch,
was meine Grenzen total übersteigt? Sich in der heutigen Krise auch noch ein Kind anzuschaffen –

ALFRED Gott ist mein Zeuge, daß ich nie ein Kind hab
haben wollen, das hat nur sie haben wollen – und dann
ist es halt so von allein gekommen. Ich wollte es ja
gleich stante pede wegmachen lassen, aber sie hat sich
schon direkt fanatisch dagegen gesträubt, und ich hab
schon sehr energische Seiten aufziehen müssen, bis ich
sie endlich so weit gehabt hab, daß sie sich der Prozedur
unterzieht – kannst dir das Affentheater vorstellen!
Eine kostspielige Prozedur war das, meiner Seel – und
dann wars doch nur für die Katz! Pech muß der Mensch
haben, und das genügt!

MARIANNE *erscheint.*

ALFRED *erblickt sie und ruft ihr zu:* Setz dich nur dorthin – ich spiel hier nur meine Partie zu End!

MARIANNE *setzt sich an einen Tisch und blättert in Mode-
journalen.*

Stille.

DER HIERLINGER FERDINAND Ist das deine Donna?

ALFRED Yes.

Stille.

DER HIERLINGER FERDINAND Also das wär deine Donna.
Komisch. Jetzt lebt mein lieber guter Freund Alfred

schon über ein Jahr mit so einem Frauerl zusammen und ich seh sie erst heut zum erstenmal. – Eigentlich machen das ja sonst nur die eifersüchtigen Bosniaken, daß sie ihre Lieblingsweiber vor ihren besten Freunden wegsperren.

ALFRED Hier ist aber das Gegenteil der Fall. Nicht ich hab sie, sondern sie hat mich von meinen besten Freunden abgeriegelt –

DER HIERLINGER FERDINAND *unterbricht ihn:* Wie heißt sie denn eigentlich?

ALFRED Marianne.

Stille.

Gefällts dir?

DER HIERLINGER FERDINAND Ich hab mir sie eigentlich anders vorgestellt.

ALFRED Wieso?

DER HIERLINGER FERDINAND Etwas molliger.

ALFRED Noch molliger?

DER HIERLINGER FERDINAND Ich weiß nicht, warum. Man macht sich ja unwillkürlich so Vorstellungen.

Stille.

ALFRED Sie ist ganz schön mollig. Molliger als wie du denkst.

Stille.

DER HIERLINGER FERDINAND Scheißlich, scheißlich! Also das war schon ein grandioser Blödsinn, daß du mit der verrückten Trafikantin gebrochen hast! Du wärst heute versorgt und ohne Sorgen!

ALFRED Über die Vergangenheit zu plauschen hat keinen Sinn! Hilf mir lieber, daß ich möglichst schmerzlos für alle Teile aus dieser unglückseligen Bindung herauskomm!

DER HIERLINGER FERDINAND Das ist nicht so einfach. Ihr seid natürlich wirtschaftlich nicht auf Rosen gebettet.

ALFRED Auf Dornen, lieber Ferdinand! Auf Dornen und Brennesseln, wie der alte selige Hiob.

Stille.

DER HIERLINGER FERDINAND Wo steckt denn das Kind?

ALFRED Bei meiner Mutter. Draußen in der Wachau. Endlich!

DER HIERLINGER FERDINAND Das erleichtert natürlich die Lage. Ich würd halt jetzt danach trachten, daß sich deine liebe Mariann ad eins finanziell selbständig sichert – daß sie sich nämlich irgendwie in das Berufsleben einschaltet: Eine Geliebte mit Beruf unterhöhlt auf die Dauer bekanntlich jede Liebesverbindung, sogar die Ehe! Das ist doch auch ein Hauptargument unserer Kirche in ihrem Kampfe gegen die berufstätige Frau, weil eine solche halt familienzerstörend wirkt – und glaubst denn du, daß die Kardinäl dumm sind? Das sind die Besten der Besten, unsere fähigsten Köpf!

ALFRED Das schon. Aber die Mariann hat doch nichts gelernt in puncto Berufsleben. Das einzige, wofür sie Interesse hat, ist die rhythmische Gymnastik.

DER HIERLINGER FERDINAND Rhythmische Gymnastik ist immer gut!

ALFRED Glaubst du?

DER HIERLINGER FERDINAND Bestimmt!

ALFRED Ich glaub, ich kann schon gar nicht mehr glauben.

DER HIERLINGER FERDINAND Rhythmische Gymnastik ist zu guter Letzt nur eine Abart der Tanzerei – und da winkt uns vielleicht ein Stern. Ich kenne nämlich auf dem Gebiete der Tanzerei eine Baronin mit internationalen Verbindungen und die stellt so Ballette zusammen für elegante Etablissements – das wären doch eventuell Entfaltungsmöglichkeiten! Abgesehen davon, daß mir diese Baronin sehr verpflichtet ist.

ALFRED Ich wär dir ja ewig dankbar –

DER HIERLINGER FERDINAND Ich bin dein Freund und das genügt mir! Weißt was, wenn ich jetzt gleich geh, dann erwisch ich die Baronin noch beim Bridge – also Servus, lieber Alfred! Sei so gut und leg den Schwarzen für mich aus! Und Kopf hoch, du hörst von mir, und es wird schon alles wieder gut! *Ab.*

ALFRED *nähert sich mit seinem Queue langsam Marianne und setzt sich an ihren Tisch.*

MARIANNE Wer hat denn gewonnen?

ALFRED Ich habe verloren, weil ich halt Glück in der Liebe hab – *Er lächelt, starrt aber plötzlich auf ihren Hals.* Was hast denn dort?

MARIANNE Da? Das ist ein Amulett.

ALFRED Was für ein Amulett?

MARIANNE Der heilige Antonius.

ALFRED Der heilige Antonius – seit wann denn?
Stille.

MARIANNE Als ich noch klein gewesen bin, und wenn ich etwas verloren hab, dann hab ich nur gesagt: Heiliger Antonius, hilf mir doch! – Und schon hab ich es wieder gefunden.
Stille.

ALFRED War das jetzt symbolisch?

MARIANNE Es war nur so überhaupt –
Stille.

ALFRED Ich für meine Person glaub ja nicht an ein Fortleben nach dem Tode, aber natürlich glaub ich an ein höheres Wesen, das gibt es nämlich sicher, sonst gäbs uns ja nicht. – Hör mal her, du heiliger Antonius, ich hätt dir was eventuell Wichtiges zu erzählen. –

IV

Bei der Baronin mit den internationalen Verbindungen

*Helene, die blinde Schwester der Baronin, sitzt im Salon
am Spinett und phantasiert. Jetzt erscheint der Hierlinger
Ferdinand mit Marianne, geleitet von dem Dienstbot.*

HELENE *unterbricht ihre Phantasien:* Anna! Wer ist denn
da?

DER DIENSTBOT Der gnädige Herr von Hierlinger und ein
Fräulein. *Ab.*

DER HIERLINGER FERDINAND Küß die Hand, Komteß!

HELENE *erhebt sich und tappt auf ihn zu:* Ach guten Tag,
Herr von Hierlinger! Das freut mich aber, daß wir uns
wiedermal sehen –

DER HIERLINGER FERDINAND Ganz meinerseits, Komteß!
Ist die Baronin da?

HELENE Ja, meine Schwester ist zu Haus, sie hat aber grad
mit dem Installateur zu tun – ich hab nämlich neulich
etwas Unrechtes in den Ausguß geworfen, und jetzt ist
alles verstopt – wen habens denn da mitgebracht, Herr
von Hierlinger?

DER HIERLINGER FERDINAND Das ist eine junge Dame, die
ein starkes Interesse an der rhythmischen Gymnastik
hat – ich hab sie der Baronin bereits avisiert. Darf ich
bekannt machen –

HELENE *unterbricht ihn:* Oh, sehr angenehm! Ich kann Sie
ja leider nicht sehen, aber Sie haben eine sympathische
Hand. – So lassens mir doch Ihre Hand, Sie Fräulein mit
der Hand –

DER HIERLINGER FERDINAND Die Komteß Helen kann
nämlich ganz exorbitant handlesen.
Stille.

MARIANNE Was hab ich denn für eine Hand?

HELENE *hält noch immer ihre Hand fest:* Das ist nicht so einfach, liebes Kind, wir Blinden müssen uns nämlich nach dem Tastgefühl orientieren. – Sie haben noch nicht viel hinter sich, mehr vor sich –

MARIANNE Was denn?

BARONIN *mit kosmetischer Gesichtsmaske tritt unbemerkt ein und lauscht.*

HELENE Ich möcht fast sagen, das ist eine genießerische Hand. – Sie haben doch auch ein Kind, nicht?

MARIANNE Ja.

DER HIERLINGER FERDINAND Fabelhaft! Fabelhaft!

HELENE Bub oder Mädel?

MARIANNE Bub.

Stille.

HELENE Ja, Sie werden noch viel Freud haben mit dem Buben – der wird schon noch was Richtiges –

MARIANNE *lächelt:* Wirklich?

BARONIN Helen! Was treibst denn da schon wieder für einen Unsinn! Bist doch keine Zigeunerin! Schau lieber, daß du nicht wieder das Klosett verstopfst, mein Gott, ist das da draußen eine Schweinerei! Du und Handlesen! Ist ja paradox! *Sie nimmt die Gesichtsmaske ab.*

HELENE O, ich hab meine Ahnungen!

BARONIN Hättest du lieber eine Ahnung gehabt in puncto Klosett! Die Schweinerei kostet mich wieder fünf Schilling! Wer lebt denn da, wer lebt denn da?! Ich von dir oder du von mir?!

Stille.

BARONIN Also lieber Hierlinger, das wäre also das Fräulein, über das wir vorgestern telephoniert haben.

DER HIERLINGER FERDINAND Das wäre es. *Leise.* Und bittschön: Gefälligkeit gegen Gefälligkeit.

BARONIN *droht ihm neckisch mit dem Zeigefinger:* Kleine Erpressung gefällig?

DER HIERLINGER FERDINAND Der Zeigefinger hat mir nicht gefallen, der Zeigefinger –

BARONIN Ein Ehrenmann – *Sie läßt ihn giftig stehen und geht nun um Marianne herum – betrachtet sie von allen Seiten.* Hm. Sagen Sie, Fräulein, Sie haben also starkes Interesse an der rhythmischen Gymnastik?

MARIANNE Ja.

BARONIN Und Sie möchten dieses Ihr vorhandenes Interesse praktisch auswerten?

MARIANNE Ja.

BARONIN Können Sie singen?

MARIANNE Singen?

BARONIN Ich geh von dem Grundsatz aus, daß es ein Nichtkönnen nicht gibt. Man kann alles, wenn man nur will! Die Tanzgruppen, die ich zusammenstell, sind internationale Attraktionen für erstklassige Vergnügungsetablissements. Sie können also nicht singen?

MARIANNE Leider –

BARONIN Habens denn in der Schul nicht singen gelernt?

MARIANNE Das schon.

BARONIN Na also! Ich möcht doch nur Ihre Stimm hören! Kennens denn kein Wienerlied, Sie sind doch Wienerin – irgendein Heimatlied –

MARIANNE Vielleicht das Lied von der Wachau?

BARONIN Also schön! Los! Das Lied von der Wachau!

MARIANNE *singt – am Spinett: Helene:*
Es kam einst gezogen ein Bursch ganz allein
Und wanderte froh in den Abend hinein.
Da flog ein Lächeln ihm zu und ein Blick.
Er dachte noch lange daran zurück.
Ein rosiges Antlitz, ein goldener Schopf,
Zwei leuchtende Augen, ein Mädchenkopf.
Das Mädel, das ging ihm nicht mehr aus dem Sinn,
Und oft sang er vor sich hin:

Da draußen in der Wachau
Die Donau fließt so blau,
Steht einsam ein Winzerhaus,
Da schaut ein Mädel heraus.
Hat Lippen rot wie Blut,
Und küssen kanns so gut,
Die Augen sind veilchenblau
Vom Mädel in der Wachau.

V

Draußen in der Wachau

Auch hier scheint die Sonne wie dazumal – nur daß nun vor dem Häuschen ein alter Kinderwagen steht.

DIE MUTTER *zu Alfred:* Er sieht dir sehr ähnlich, der kleine Leopold – und schreit auch nicht viel. Auch du warst so ein sanftes Kind.

ALFRED Ich freu mich nur, daß ich ihn nicht in Wien hab. Hier heraußen in der guten Luft wird er besser gedeihen, als wie drinnen in unserer Kasern.

DIE MUTTER Tritt die Mariann jetzt schon auf beim Ballett?

ALFRED Nein, erst ab nächsten Samstag.
Stille.

DIE MUTTER *besorgt:* Du hast mal gesagt, wenn du ein Kind hast, dann würdest du heiraten. Ist das noch so?

ALFRED Du hast mal gesagt, ich könnt eine gute Partie machen.
Stille.

DIE MUTTER Natürlich ist das kein Glück, diese Verbindung.

ALFRED Könnt ich jetzt mal die liebe Großmutter sprechen?

DIE MUTTER Ich werds ihr gleich sagen – ich muß jetzt sowieso noch in den Keller. *Ab in das Häuschen.*

ALFRED *allein; er beugt sich über den Kinderwagen und betrachtet sein Kind.*

DIE GROSSMUTTER *tritt aus dem Häuschen:* Der Herr wünschen?

ALFRED Hast es dir nun überlegt?

DIE GROSSMUTTER Ich hab kein Geld. Solang du mit der Person zusammenlebst, hab ich kein Geld! Lebt sich da in wilder Ehe zusammen, wie in einem Hundestall, setzt Bankerten in die Welt, die nur anderen zur Last fallen, und schämt sich nicht, von seiner alten Großmutter noch Geld zu verlangen! Keinen Kreuzer! Keinen Kreuzer!

ALFRED Letztes Wort?

DIE GROSSMUTTER Hundestall! Hundestall!

ALFRED Du alte Hex.

Stille.

DIE GROSSMUTTER Was hast du gesagt?

ALFRED *schweigt.*

DIE GROSSMUTTER Traust es dir noch einmal zu sagen?

ALFRED Warum nicht?

DIE GROSSMUTTER So sags doch!

ALFRED Hex. Alte Hex.

DIE GROSSMUTTER *nähert sich ihm langsam und kneift ihn in den Arm.*

ALFRED *lächelt:* Wie bitte?

DIE GROSSMUTTER *kneift ihn:* Na wart, du wirst es schon noch spüren! Da und da und da!

ALFRED *schüttelt sie ab, da er nun tatsächlich was spürt:* Um mir weh zu tun, dazu gehören Leut, aber keine Frösch!

DIE GROSSMUTTER *weint vor Wut:* Gib mir mein Geld zurück, du Schuft! Mein Geld möcht ich haben, Haderlump, Verbrecher!

ALFRED *lacht.*

DIE GROSSMUTTER *kreischt:* Lach nicht! *Sie versetzt ihm einen Hieb mit ihrem Krückstock.*

ALFRED Au!

Stille.

DIE GROSSMUTTER *grinst befriedigt:* Hast mich gespürt? Hast mich jetzt gespürt?

ALFRED Du Hex. Du alte Hex.

DIE GROSSMUTTER *hebt triumphierend den Krückstock.*

ALFRED Untersteh dich!

DIE GROSSMUTTER Hab nur keine Angst – du dummer Bub. Oh, ich krieg dich schon noch runter – ich krieg meine Leut schon noch runter. – Eieiei, da hängt dir ja schon wieder ein Knopf – wie kann man sich nur mit so einer schlamperten Weibsperson –

ALFRED *unterbricht sie:* Also schlampert ist sie nicht!
Stille.

DIE GROSSMUTTER Sie hat einen viel zu großen Mund.

ALFRED Geschmacksach!

DIE GROSSMUTTER Wart, ich näh dir jetzt nur den Knopf an – *Sie näht ihn an.* Was brauchst du überhaupt eine Frau, so wie deine alte Großmutter wird dir keine den Knopf annähen – bist es ja gar nicht wert, daß man sich um dich sorgt – schafft sich mit dem Bettelweib auch noch ein Kind an, ein Kind!

ALFRED Aber das kann doch vorkommen.

DIE GROSSMUTTER So ein Leichtsinn, so ein Leichtsinn!

ALFRED Du weißt doch, daß ich alle Hebel in Bewegung gesetzt hab – aber es sollte halt nicht sein.
Stille.

DIE GROSSMUTTER Bist ein armer Teufel, lieber Alfred –

ALFRED Warum?

DIE GROSSMUTTER Daß du immer solchen Weibern in die Händ fallen mußt –
Stille.

DIE GROSSMUTTER Du, Alfred, Wenn du dich jetzt von deinem Marianderl trennst, dann tät ich dir was leihen –
Stille.

ALFRED Wieso?

DIE GROSSMUTTER Hast mich denn nicht verstanden?
Stille.

ALFRED Wieviel?

DIE GROSSMUTTER Bist doch noch jung und schön –

ALFRED *deutet auf den Kinderwagen:* Und das dort?

DIE GROSSMUTTER An das denk jetzt nicht. Fahr nur mal
fort –
Stille.

ALFRED Wohin?

DIE GROSSMUTTER Nach Frankreich. Dort gehts jetzt noch
am besten, hab ich in der Zeitung gelesen. – Wenn ich
jung wär, ich tät sofort nach Frankreich –

VI

Und wieder in der stillen Straße im achten Bezirk

Es ist bereits am späten Nachmittag und die Realschülerin im zweiten Stock spielt den »Frühlingsstimmen-Walzer« von Johann Strauß.

OSKAR *steht in der Tür seiner Fleischhauerei und mani-kürt sich mit seinem Taschenmesser.*

RITTMEISTER *kommt von links und grüßt Oskar.*

OSKAR *verbeugt sich.*

RITTMEISTER Also das muß ich schon sagen: die gestrige Blutwurst – Kompliment! First class!

OSKAR Zart, nicht?

RITTMEISTER Ein Gedicht. *Er nähert sich der Tabak-Trafik.*

VALERIE *erscheint in der Tür ihrer Tabak-Trafik.*

RITTMEISTER *grüßt.*

VALERIE *dankt.*

RITTMEISTER Dürft ich mal die Ziehungsliste?

VALERIE *reicht sie ihm aus dem Ständer vor der Tür.*

RITTMEISTER Küß die Hand! *Er vertieft sich in die Zie-hungsliste und nun ist der Walzer aus.*

ZAUBERKÖNIG *begleitet die gnädige Frau aus der Puppen-klinik.*

DIE GNÄDIGE FRAU Ich hatte hier schon mal Zinnsoldaten gekauft, voriges Jahr – aber damals ist das ein sehr höfliches Fräulein gewesen.

ZAUBERKÖNIG *mürrisch:* Möglich.

DIE GNÄDIGE FRAU Das Fräulein Tochter?

ZAUBERKÖNIG Ich habe keine Tochter! Ich hab noch nie eine Tochter gehabt!

DIE GNÄDIGE FRAU Schad. Also Sie wollen mir die Schach-tel Zinnsoldaten nicht nachbestellen?

ZAUBERKÖNIG Ich hab das Ihnen doch schon drinnen gesagt, daß mir diese Nachbestellerei viel zu viel Schreiberei macht – wegen einer einzigen Schachtel! Kaufens
doch dem herzigen Bams was ähnliches! Vielleicht eine
gediegene Trompeten!

DIE GNÄDIGE FRAU Nein! Adieu! *Sie läßt ihn verärgert
stehen und ab.*

ZAUBERKÖNIG Küß die Hand! Krepier! *Ab in seine Puppenklinik.*

VALERIE *boshaft:* Was haben wir denn wieder gewonnen,
Herr Rittmeister?

ERICH *tritt aus der Tabak-Trafik und will rasch ab.*

VALERIE Halt! Was hast du da?

ERICH Fünf Memphis.

VALERIE Schon wieder? Raucht wie ein Erwachsener!

RITTMEISTER UND OSKAR *horchen.*

ERICH *gedämpft:* Wenn ich nicht rauche, kann ich nicht
arbeiten. Wenn ich nicht arbeite, werde ich niemals
Referendar – und wenn ich das nicht werde, dann
werde ich wohl kaum jemals in die Lage kommen,
meine Schulden rückerstatten zu können.

VALERIE Was für Schulden?

ERICH Das weißt du! Ich bin korrekt, Madame.

VALERIE Korrekt? Du willst mir schon wieder weh tun?

ERICH Weh tun? Ehrensache! Ich zahle meine Schulden bis
auf den letzten Pfennig – und wenn ich hundert Jahr
zahlen müßte! Wir lassen uns nichts nachsagen, Ehrensache! Ich muß jetzt ins Kolleg! *Ab.*

VALERIE *starrt ihm nach:* Ehrensache. Bestie –

RITTMEISTER UND OSKAR *grinsen, jeder für sich.*

RITTMEISTER *revanchiert sich boshaft:* Und wie gehts ansonsten, liebe Frau Valerie?

ERICH *erscheint plötzlich wieder; zum Rittmeister:* Sie
haben zuvor gegrinst? Herr!

VALERIE *ängstlich:* Kennen sich die Herren schon?

RITTMEISTER Vom Sehen aus –

ERICH Sie sind Österreicher? Fesch, aber feig!

VALERIE Erich!

RITTMEISTER Was hat er gesagt?

ERICH Ich habe gesagt, daß die Österreicher im Krieg schlappe Kerle waren und wenn wir Preußen nicht gewesen wären –

RITTMEISTER *fällt ihm ins Wort:* Dann hätten wir überhaupt keinen Krieg gehabt!

ERICH Und Sarajevo? Und Bosnien-Herzegowina?

RITTMEISTER Was wissen denn Sie schon vom Weltkrieg, Sie Grünschnabel?! Was Sie in der Schul gelernt haben und sonst nichts!

ERICH Ist immer noch besser, als alten Jüdinnen das Bridgespiel beizubringen!

VALERIE Erich!

RITTMEISTER Ist immer noch besser, als sich von alten Trafikantinnen aushalten zu lassen!

VALERIE Herr Rittmeister!

RITTMEISTER Pardon! Das war jetzt ein Fauxpas! Ein Lapsus linguae – *Er küßt ihre Hand.* Bedauerlich, sehr bedauerlich. Aber dieser grüne Mensch da hat in seinem ganzen Leben noch keine fünf Groschen selbständig verdient!

ERICH Herr!

VALERIE Nur kein Duell, um Gottes willen!

ERICH Satisfaktionsfähig wären Sie ja.

RITTMEISTER Wollen Sie vors Ehrengericht?

VALERIE Jesus Maria Josef!

ERICH Ich laß mich doch nicht beleidigen!

RITTMEISTER Mich kann man gar nicht beleidigen! Sie nicht!

VALERIE Aber ich bitt euch! Nein, dieser Skandal –

Schluchzend ab in ihre Tabak-Trafik.

RITTMEISTER Ich laß mir doch von diesem Preußen keine solchen Sachen sagen. Wo waren denn Ihre Hohenzollern, als unsere Habsburger schon römisch-deutsche Kaiser waren?! Draußen im Wald!

ERICH Jetzt ist es ganz aus. *Ab.*

RITTMEISTER *ruft ihm nach:* Da habens zwanzig Groschen und lassen Sie sich mal den Schopf abschneiden, Sie Kakadu! *Er kehrt um und will leger nach links ab – hält aber nochmals vor der Fleischhauerei; zu Oskar.* Apropos, was ich noch hab sagen wollen: Sie schlachten doch heut noch die Sau?

OSKAR Ich habs vor, Herr Rittmeister.

RITTMEISTER Geh, reservierens für mich ein schönes Stückerl Nieren –

OSKAR Aber gern, Herr Rittmeister!

RITTMEISTER Küß die Hand! *Ab nach links – und nun spielt die Realschülerin im zweiten Stock wieder, und zwar den Walzer »Über den Wellen«.*

ALFRED *kommt langsam von links.*

OSKAR *wollte zurück in seine Fleischhauerei, erblickt nun aber Alfred, der ihn nicht bemerkt, und beobachtet ihn heimlich.*

ALFRED *hält vor der Puppenklinik und macht in Erinnerung – dann stellt er sich vor die offene Tür der Tabak-Trafik und starrt hinein.*
Pause.

ALFRED *grüßt.*
Pause.

VALERIE *erscheint langsam in der Tür – und der Walzer bricht wieder ab, wieder mitten im Takt.*
Stille.

ALFRED Könnt ich fünf Memphis haben?

VALERIE Nein.

Stille.

ALFRED Das ist aber doch hier eine Tabak-Trafik – oder?

VALERIE Nein.

Stille.

ALFRED Ich komm jetzt hier nur so vorbei, per Zufall –

VALERIE Ach!

ALFRED Ja.

Stille.

VALERIE Und wie geht es dem Herrn Baron?

ALFRED So lala.

VALERIE Und dem Fräulein Braut?

ALFRED Auch lala.

VALERIE Ach!

Stille.

ALFRED Und dir gehts unberufen?

VALERIE Man hat, was man braucht.

ALFRED Alles?

VALERIE Alles. Er ist Jurist.

ALFRED Und so was wird mal Advokat.

VALERIE Bitte?

ALFRED Ich gratulier.

Stille.

VALERIE Wo steckt denn die arme Mariann?

ALFRED Ich werd sie wohl aus den Augen verlieren –

Stille.

VALERIE Also du bist schon ein grandioser Schuft, das muß dir dein größter Feind lassen.

ALFRED Valerie. Wer unter euch ohne Sünden ist, der werfe den ersten Stein auf mich.

VALERIE Bist du krank?

ALFRED Nein. Nur müd. Und gehetzt. Man ist ja nicht mehr der Jüngste.

VALERIE Seit wann denn?

ALFRED Ich fahr noch heut abend nach Frankreich. Nach

Nancy. Ich denk nämlich, daß ich dort vielleicht was Passenderes für mich bekommen werd, in der Speditionsbranche – hier müßt ich heut nämlich zu sehr unter mein Niveau herunter.

VALERIE Und was machen denn die Pferdchen?

ALFRED Keine Ahnung! Und dann fehlt mir auch das Kapital –

Stille.

VALERIE Wenn ich Zeit hab, werd ich dich bedauern.

ALFRED Möchst, daß es mir schlecht geht?

VALERIE Gehts dir denn rosig?

ALFRED Möchst das hören?

Stille.

ALFRED Ich bin jetzt hier nur so vorbeigegangen, per Zufall – so aus einer wehmütigen Melancholie heraus – an die Stätten der Vergangenheit – *Ab – und nun wird der Walzer »Über den Wellen« wieder weitergespielt.*

VALERIE *erblickt Oskar:* Herr Oskar! Jetzt ratens doch mal, mit wem ich grad dischkuriert hab?

OSKAR Ich hab ihn gesehen.

VALERIE So? Es geht ihnen schlecht.

OSKAR Ich hab alles gehört.

Pause.

VALERIE Noch ist er stolz wie ein Spanier –

OSKAR Hochmut kommt vor dem Fall. – Arme Mariann –

VALERIE Mir scheint gar, Sie sind imstand und heiraten noch die Mariann, jetzt nachdem sie wieder frei ist –

OSKAR Wenn sie das Kind nicht hätt –

VALERIE Wenn mir jemand das angetan hätt –

OSKAR Ich hab sie noch immer lieb – vielleicht stirbt das Kind –

VALERIE Herr Oskar!

OSKAR Wer weiß! Gottes Mühlen mahlen langsam, mahlen aber furchtbar klein. Ich werd an meine Mariann denken – ich nehme jedes Leid auf mich, wen Gott liebt, den prüft er. – Den straft er. Den züchtigt er. Auf glühendem Rost, in kochendem Blei –

VALERIE *schreit ihn an:* Hörens auf, seiens so gut!

OSKAR *lächelt.*

HAVLITSCHEK *kommt aus der Fleischhauerei:* Also was ist jetzt? Soll ich jetzt die Sau abstechen oder nicht?

OSKAR Nein, Havlitschek. Ich werd sie jetzt schon selber abstechen, die Sau –

Jetzt läuten die Glocken.

VII

Im Stephansdom

Vor dem Seitenaltar des heiligen Antonius. Marianne beichtet. Die Glocken verstummen und es ist sehr still auf der Welt.

BEICHTVATER Also rekapitulieren wir: Du hast deinem armen alten Vater, der dich über alles liebt und der doch immer nur dein Bestes wollte, schmerzlichstes Leid zugefügt, Kummer und Sorgen, warst ungehorsam und undankbar – hast deinen braven Bräutigam verlassen und hast dich an ein verkommenes Subjekt geklammert, getrieben von deiner Fleischeslust – still! Das kennen wir schon! Und so lebst du mit jenem erbärmlichen Individuum ohne das heilige Sakrament der Ehe schon über das Jahr, und in diesem grauenhaften Zustand der Todsünde hast du dein Kind empfangen und geboren – wann?

MARIANNE Vor acht Wochen.

BEICHTVATER Und du hast dieses Kind der Schande und der Sünde nicht einmal taufen lassen. – Sag selbst: kann denn bei all dem etwas Gutes herauskommen? Nie und nimmer! Doch nicht genug! Du bist nicht zurückgeschreckt und hast es sogar in deinem Mutterleib töten wollen –

MARIANNE Nein, das war er! Nur ihm zulieb hab ich mich dieser Prozedur unterzogen!

BEICHTVATER Nur ihm zulieb?

MARIANNE Er wollte doch keine Nachkommen haben, weil die Zeiten immer schlechter werden und zwar voraussichtlich unabsehbar – aber ich – nein, das brennt mir in der Seele, daß ich es hab abtreiben wollen, ein jedesmal, wenn es mich anschaut –

Stille.

BEICHTVATER Ist das Kind bei euch?

MARIANNE Nein.

BEICHTVATER Sondern?

MARIANNE Bei Verwandten. Draußen in der Wachau.

BEICHTVATER Sind das gottesfürchtige Leut?

MARIANNE Gewiß.

Stille.

BEICHTVATER Du bereust es also, daß du es hast töten wollen?

MARIANNE Ja.

BEICHTVATER Und auch, daß du mit jenem entmenschten Subjekt in wilder Ehe zusammenlebst?

Stille.

MARIANNE Ich dachte mal, ich hätte den Mann gefunden, der mich ganz und gar ausfüllt. –

BEICHTVATER Bereust du es?

Stille.

MARIANNE Ja.

BEICHTVATER Und daß du dein Kind im Zustand der Todsünde empfangen und geboren hast – bereust du das?

Stille.

MARIANNE Nein. Das kann man doch nicht –

BEICHTVATER Was sprichst du da?

MARIANNE Es ist doch immerhin mein Kind –

BEICHTVATER Aber du –

MARIANNE *unterbricht ihn:* Nein, das tu ich nicht. – Nein, davor hab ich direkt Angst, daß ich es bereuen könnt. – Nein, ich bin sogar glücklich, daß ich es hab, sehr glücklich –

Stille.

BEICHTVATER Wenn du nicht bereuen kannst, was willst du dann von deinem Herrgott?

MARIANNE Ich dachte, mein Herrgott wird mir vielleicht

etwas sagen –

BEICHTVATER Du kommst also nur dann zu Ihm, wenn es dir schlecht geht?

MARIANNE Wenn es mir gut geht, dann ist Er ja bei mir – aber nein, das kann Er doch nicht von mir verlangen, daß ich das bereu – das wär ja wider jede Natur –

BEICHTVATER So geh! Und komme erst mit dir ins reine, ehe du vor unseren Herrgott trittst. – *Er schlägt das Zeichen des Kreuzes.*

MARIANNE Dann verzeihen Sie. – *Sie erhebt sich aus dem Beichtstuhl, der sich nun auch in der Finsternis auflöst – und nun hört man das Gemurmel einer Litanei; allmählich kann man die Stimme des Vorbeters von den Stimmen der Gemeinde unterscheiden; Marianne lauscht – die Litanei endet mit einem Vaterunser; Marianne bewegt die Lippen.*
Stille.

MARIANNE Amen.
Stille.

MARIANNE Wenn es einen lieben Gott gibt – was hast du mit mir vor, lieber Gott? – Lieber Gott, ich bin im achten Bezirk geboren und hab die Bürgerschul besucht, ich bin kein schlechter Mensch – hörst du mich? – Was hast du mit mir vor, lieber Gott? –
Stille.

Ende des zweiten Teiles

Dritter Teil

I

Beim Heurigen

Mit Schrammelmusik und Blütenregen. Große weinselige Stimmung – und mittendrunterdrin der Zauberkönig, Valerie und Erich.

ALLES *singt:*

> Da draußen in der Wachau
> Die Donau fließt so blau,
> Steht einsam ein Winzerhaus,
> Da schaut ein Mädel heraus.
> Hat Lippen rot wie Blut,
> Und küssen kanns so gut,
> Die Augen sind veilchenblau
> Vom Mädel in der Wachau.

> Es wird ein Wein sein,
> Und wir werden nimmer sein.
> Es wird schöne Madeln geben,
> Und wir werden nimmer leben –

Jetzt wirds einen Augenblick totenstill beim Heurigen – aber dann singt wieder alles mit verdreifachter Kraft.

> Drum gehn wir gern nach Nußdorf naus,
> Da gibts a Hetz, a Gstanz,
> Da hörn wir ferne Tanz,
> Da laß ma fesche Jodler naus
> Und gengan in der Fruah
> Mitn Schwomma zhaus, mitn Schwomma zhaus!

Begeisterung; Applaus; zwischen den Tischen wird getanzt, und zwar auf den Radetzkymarsch. – Alles ist nun schon ziemlich benebelt.

ZAUBERKÖNIG Bravo, bravissimo! Heut bin ich wieder der alte! Da capo, da capo! *Er greift einem vorübertanzenden Mädchen auf die Brüste.*

DER KAVALIER DES MÄDCHENS *schlägt ihm auf die Hand:* Hand von der Putten!

DAS MÄDCHEN Das sind doch meine Putten!

ZAUBERKÖNIG Putten her, Putten hin! Ein jeder Erwachsene hat seine Sorgen, und heut möcht ich alles vergessen! Heut kann mich die ganze Welt!

ERICH Mal herhören, Leute! Ich gestatte mir hiermit auf den famosen Wiener Heurigen ein ganz exorbitantes Heil – *Er verschüttet seinen Wein.*

VALERIE Nicht so stürmisch, junger Mann! Meiner Seel, jetzt hat er mich ganz bespritzt!

ERICH Aber das kann doch vorkommen! Ehrensache!

ZAUBERKÖNIG Hat er dich naßgemacht? Armes Waserl!

VALERIE Durch und durch – bis auf die Haut.

ZAUBERKÖNIG Bis auf deine Haut –

VALERIE Bist du a schon narrisch?

ERICH Stillgestanden! *Er knallt die Hacken zusammen und steht still.*

ZAUBERKÖNIG Was hat er denn?

VALERIE Das bin ich schon gewöhnt. Wenn er sich besoffen hat, dann kommandiert er sich immer selber.

ZAUBERKÖNIG Wie lang daß der so still stehen kann. – Stramm! Sehr stramm! Respekt! Es geht wieder aufwärts mit uns! *Er fällt unter den Tisch.*

VALERIE Jesus Maria!

ZAUBERKÖNIG Der Stuhl ist zerbrochen – einen anderen Stuhl, Herr Ober! He, einen anderen Stuhl!! *Er singt mit der Musik.* Ach, ich hab sie ja nur auf die Schulter geküßt – und schon hab ich den Patsch verspürt mit dem Fächer ins Gesicht –

DER OBER *bringt nun eine Riesenportion Salami.*

VALERIE Salami, Erich! Salami!

ERICH Division! Rührt euch! *Er langt mit der Hand in die Schüssel und frißt exorbitant.*

ZAUBERKÖNIG Wie der frißt!

VALERIE Gesegnete Mahlzeit!

ZAUBERKÖNIG Friß nicht so gierig!

VALERIE Er zahlts ja nicht!

ZAUBERKÖNIG Und singen kann er auch nicht!
Pause.

VALERIE *zu Erich:* Warum singst du eigentlich nicht?

ERICH *mit vollem Munde:* Weil ich doch an meinem chronischen Rachenkatarrh leide!

VALERIE Das kommt vom vielen Rauchen!

ERICH *brüllt sie an:* Schon wieder?!

RITTMEISTER *taucht auf; mit einem Papierhütchen und in gehobener Stimmung:* Küß die Hand, schöne Frau Valerie! A, das ist aber ein angenehmer Zufall! Habe die Ehre, Herr Zauberkönig!

ZAUBERKÖNIG Prost, Herr Rittmeister! Prost, lieber Herr von Rittmeister. – *Er leert sein Glas und verfällt in wehmütigen Stumpfsinn.*

VALERIE Darf ich Ihnen etwas von meiner Salami, Herr Rittmeister?

ERICH *bleibt der Brocken im Munde stecken; er fixiert gehässig den Rittmeister.*

RITTMEISTER Zu gütig, küß die Hand! Danke nein, ich kann unmöglich mehr – *Er steckt sich zwei dicke Scheiben in den Mund.* Ich hab heut nämlich schon zweimal genachtmahlt, weil ich Besuch hab – ich sitz dort hinten in der Gesellschaft. Ein Jugendfreund meines in Sibirien vermißten Bruders – ein Amerikaner.

VALERIE Also ein Mister!

RITTMEISTER Aber ein geborener Wiener! Zwanzig Jahr war der jetzt drüben in den Staaten, nun ist er zum erstenmal wieder auf unserem Kontinent. Wie wir heut vormittag durch die Hofburg gefahren sind, da sind ihm die Tränen in den Augen gestanden. – Er ist ein Selfmademan. Selbst ist der Mann!

VALERIE Oh, Sie Schlimmer!

RITTMEISTER Ja. Und jetzt zeig ich ihm sein Wien – schon den zweiten Tag – wir kommen aus dem Schwips schon gar nicht mehr raus –

VALERIE Stille Wasser sind tief.

RITTMEISTER Nicht nur in Amerika.

ERICH *scharf:* Tatsächlich?

Pause.

VALERIE *nähert sich Erich:* Daß du parierst – und halts Maul, sonst schmier ich dir eine. – Wenn du schon meine Salami frißt, dann kannst du mir auch entgegen-kommen –

ERICH Diese Randbemerkung ehrt Ihre niedrige Gesinnung, Gnädigste!

VALERIE Bleib!

ERICH Stillgestanden! Division –

VALERIE Halt!

ERICH Division – marsch! *Ab.*

VALERIE *ruft ihm nach:* Herstellt euch! Herstellt euch!

Totenstille.

RITTMEISTER Wer ist denn das überhaupt?

VALERIE *tonlos:* Das ist eine ganze Division. Ich werd ihn wohl bald ganz lassen – ich sehs schon direkt wieder kommen – und dann ist er mit dem dort – *sie deutet auf den Zauberkönig* – entfernt verwandt –

Jetzt gibts wieder Musik.

RITTMEISTER Apropos verwandt. – Sagens mal, Frau Valerie, finden Sie das für in Ordnung, wie Seine Majestät der Herr Zauberkönig das Fräulein Mariann behandelt – ich versteh so was nicht. Wenn ich Großpapa wär – und abgesehen davon, man kann doch leicht straucheln. Aber dann direkt verkommen lassen –

VALERIE Wissen Sie was Näheres, Herr Rittmeister?

RITTMEISTER Ich hab mal eine Frau Oberst gehabt, das heißt: das ganze Regiment hat sie gehabt – was sag ich da?! Sie war die Frau unseres Obersten – und der Oberst hatte ein uneheliches Kind mit einer vom Varieté, aber die Frau Oberst hat es in ihr Haus genommen, als wärs ihr eigen Fleisch und Blut, weil sie halt unfruchtbar war. – Aber wenn man daneben dieses zauberköniglicher Verhalten dort drüben betrachtet – na Servus!

VALERIE Ich versteh Sie nicht, Herr Rittmeister. Was hat denn die Frau Oberst mit der Mariann zu tun?

RITTMEISTER Wir verstehen uns alle nicht mehr, liebe Frau Valerie! Oft verstehen wir uns schon selber nicht mehr.

VALERIE Wo steckt denn die Mariann?

RITTMEISTER *lächelt geheimnisvoll:* Das wird man schon noch mal offiziell bekanntgeben – im geeigneten Moment.

DER MISTER *erscheint; er ist besoffen:* Oh lieber guter Freund – was seh ich da? Gesellschaft? Freunde? Stell mich vor, bitte. – Du lieber guter Freund. – *Er umarmt den Rittmeister.*

ZAUBERKÖNIG *erwacht aus seinem Stumpfsinn:* Wer ist denn das?

RITTMEISTER Das ist mein lieber Mister aus Amerika!

DER MISTER Amerika! New York! Chicago und Sing-Sing! – Äußerlich ja, aber da drinnen klopft noch das alte biedere treue goldene Wiener Herz, das ewige Wien – und die Wachau – und die Burgen an der blauen Donau. – *Er summt mit der Musik.* Donau so blau, so

174

blau, so blau –

ALLE *summen mit und wiegen sich auf den Sitzgelegen-heiten.*

DER MISTER Meine Herrschaften, es hat sich vieles verändert in der letzten Zeit, Stürme und Windhosen sind über die Erde gebraust, Erdbeben und Tornados, und ich hab ganz von unten anfangen müssen, aber hier bin ich zhaus, hier kenn ich mich aus, hier gefällt es mir, hier möcht ich sterben! Oh du mein lieber altösterreichischer Herrgott aus Mariazell!
Er singt.

> Mein Muatterl war a Wienerin,
> Drum hab ich Wien so gern.
> Sie wars, die mit dem Leben mir
> Die Liebe hat gegeben
> Zu meinem anzigen goldenen Wean!

ALLES *singt:*

> Wien, Wien, nur du allein
> Sollst stets die Stadt meiner Träume sein,
> Dort, wo ich glücklich und selig bin,
> Ist Wien, ist Wien, mein Wien!

DER MISTER Wien soll leben! Die Heimat! Und die schönen Wiener Frauen! Und der Heimatgedanke! Und wir Wiener sollen leben – alle, alle!

ALLE Hoch! Hoch! Hoch!
Allgemeines Saufen.

ZAUBERKÖNIG *zu* Valerie: Und die schönen Wiener Frauen, du stattliche Person – dich hätt ich heiraten sollen, mit dir hätt ich ein ganz ein anderes Kind gekriegt –

VALERIE Red nicht immer von Irene! Ich hab sie nie ausstehen können!

DER MISTER Wer ist Irene?

ZAUBERKÖNIG Irene war meine Frau.

DER MISTER *Oh, Pardon!*

ZAUBERKÖNIG Oh, bitte – und warum soll ich denn nicht auf die Iren schimpfen? Bloß weil sie schon tot ist? Mir hat sie das ganze Leben verpatzt!

VALERIE Du bist ein dämonischer Mensch!

ZAUBERKÖNIG *singt:*

>   Mir ist mei Alte gstorbn,
>   Drum ist mirs Herz so schwer.
>   A so a gute Seel
>   Krieg ich nöt mehr,
>   Muß so viel wana,
>   Das glaubt mir kana,
>   Daß ich mich kränk,
>   Wenn ich an mei Alte denk! Hallo!

DER MISTER *schnellt empor:* Hallo! Hallo! Wenn mich nicht alles täuscht, so fängt es jetzt an zu regnen! Aber wir lassen uns vom Wetter nichts dreinreden! Heut wird noch gebummelt und wenns Schusterbuben regnen sollte! Wir lassen und lassen uns das nicht gefallen! *Er droht mit dem Zeigefinger nach dem Himmel.* Oh du regnerischer Himmelvater du! Darf ich euch alle einladen? Alle, alle!!

ALLE Bravo, bravo!

DER MISTER Also auf! Vorwärts! Mir nach!

VALERIE Wohin?

DER MISTER Irgendwohin! Wo wir einen Plafond über uns haben! Wo wir nicht so direkt unterm Himmel sitzen! Ins Moulin-bleu!

Starker Applaus.

RITTMEISTER Halt! Nicht ins Moulin-bleu, liebe Leutl! Dann schon eher ins Maxim!

Und wieder wird es einen Augenblick totenstill.

ZAUBERKÖNIG Warum denn ins Maxim?

RITTMEISTER Weil es dort ganz besondere Überraschungen geben wird.

ZAUBERKÖNIG Was für Überraschungen?

RITTMEISTER Pikante. Sehr pikante –
Stille.

ZAUBERKÖNIG Also auf ins Maxim!

ALLE Ins Maxim! *Sie marschieren mit aufgespannten Regenschirmen und singen.*

> Vindobona, du herrliche Stadt,
> Die so reizende Anlagen hat,
> Dir gehört stets nur unser Sinn.
> Ja zu dir, da ziagts uns hin,
> San ma a von dir oft fern,
> Denkn ma do ans liebe Wean,
> Denn du bleibst die Perle von Österreich,
> Dir ist gar ka Stadt net gleich!
>
> Die Mizzi und der Jean
> Gehn miteinander drahn,
> Wir sind ja nicht aus Stroh,
> Sind jung und lebensfroh,
> Net immer Schokoladi,
> Heut gehen wir zum »Brady«
> Oder zum »Maxim«
> Heut sind wir einmal schlimm!
>
> Jetzt trink ma noch a Flascherl Wein,
> Hollodero!
> Es muß ja nöt das letzte sein
> Hollodero!
> Und ist das gar, gibts ka Geniern,
> Hollodero!
> So tun wir noch mal repetiern, aber noch mal
> repetiern!

Gong. – Die Bühne verwandelt sich nun ins »Maxim« –

mit einer Bar und Separees; im Hintergrunde eine Ka-
barettbühne mit breiter Rampe. – Alles schließt die
Regenschirme und nimmt nun Platz an den Tischen,
und zwar in aufgeräumtester Stimmung.

DER CONFERENCIER *tritt vor den Vorhang:* Meine Sehrverehrten! Meine Herrschaften! Entzückende Damen
und noch entzückendere Herren!

VALERIE Oho!

Gelächter.

DER CONFERENCIER Ich begrüße Sie auf das allerherzlich-
ste im Namen meiner Direktion! Schon Johann Wolfgang von Goethe, der Dichterfürst, sagt in seinem Mei-
sterwerk, unserem unsterblichen Faust: Was du ererbt
von deinen Vätern hast, erwirb es, um es zu besitzen! In
diesem Sinne, meine Sehrverehrten: Nummer auf Nummer! Das ist Tradition, meine Sehrverehrten! Und nun
bitte, treten Sie ein mit uns in den Himmel der Erinnerung! –

Und nun erklingt der Walzer »Wiener Blut« von Johann
Strauß, der Vorhang hebt sich, und einige Mädchen in
Alt-Wienertracht tanzen den Walzer – dann fällt wieder
der Vorhang; rasende Begeisterung im Publikum, und
die Musik spielt nun den Hoch- und Deutschmeister-
marsch.

ZAUBERKÖNIG *zum Rittmeister:* Aber was redens denn da,
Herr? Also das steht doch schon felsenfest, daß wir
Menschen mit der Tierwelt verwandt sind!

RITTMEISTER Das ist Auffassungssache!

ZAUBERKÖNIG Oder glaubens denn gar noch an Adam und
Eva?

RITTMEISTER Wer weiß!

DER MISTER *zu Valerie:* Du Wildkatz!

ZAUBERKÖNIG Wildkatz! Oder gar ein Leopard!

VALERIE Prost Zauberkönig!

ZAUBERKÖNIG Der Herr Rittmeister sind ein Fabelwesen, und du hast was von einem Känguruh an dir, und der Mister ist ein japanischer Affenpintscher!

DER MISTER *lacht keineswegs:* Fabelhafter Witz, fabelhafter Witz!

ZAUBERKÖNIG Na und ich?!

VALERIE Ein Hirsch! Ein alter Hirsch! Prost, alter Hirsch! *Brüllendes Gelächter – nun klingelt das Tischtelephon. Stille.*

ZAUBERKÖNIG *am Apparat:* Ja hallo! – Wie? Wer spricht? Mausi? – Mausi kenn ich nicht, wie? – Ach so! Jaja, das bin ich schon, ich bin schon dein Onkel. – Was soll ich? A du Schweinderl, du herziges! – Wo? An der Bar? Im grünen Kleid? – Was? Du bist noch eine Jungfrau? Und das soll dir dein Onkel glauben? Na ich werd das mal nachkontrollieren. – Bussi, Bussi! – *Er hängt ein und leert sein Glas Schampus, den der Mister hat auffahren lassen.*

VALERIE Trink nicht so viel, Leopold!

ZAUBERKÖNIG Du kannst mir jetzt auf den Hut steigen! *Er erhebt sich.* Für uns alte Leut ist ja der Alkohol noch die einzige Lebensfreud! Wo ist die Bar?

VALERIE Was für eine Bar?

ZAUBERKÖNIG Wo ist die Bar, Kruzitürken?!

RITTMEISTER Ich werd Sie hinführen –

ZAUBERKÖNIG Ich find schon selber hin – ich brauch keinen Kerzenhalter! Kommens, führens mich! *Er läßt sich vom Rittmeister an die Bar führen, wo ihn bereits zwei Mädchen erwarten – die eine im grünen Kleid nimmt ihn gleich herzlichst in Empfang; auch der Rittmeister bleibt an der Bar.*

DER MISTER *zu Valerie:* Was ist der Herr eigentlich?

VALERIE Ein Zauberkönig.

DER MISTER Ach!

VALERIE Ja. Sonst ist er ja ein seltener Mensch, bescheiden und anständig, der echte Bürger vom alten Schlag. – Diese Sorte stirbt nämlich aus.

DER MISTER Leider!

VALERIE Heut ist er ja leider besoffen –

DER MISTER Wie Sie das wieder sagen! Was für ein Charme! Bei uns in Amerika ist halt alles brutaler.

VALERIE Was wiegen Sie?

DER MISTER Zweihundertachtzehn Pfund.

VALERIE Oh Gott!

DER MISTER Darf ich ganz offen sein?

VALERIE Man bittet darum.

DER MISTER Ich bin kompliziert.

VALERIE Wieso?

DER MISTER Ich bin nämlich innerlich tot. Ich kann halt nur mehr mit den Prostituierten was anfangen – das kommt von den vielen Enttäuschungen, die ich schon hinter mir hab.

VALERIE Jetzt so was. Eine so zarte Seele in so einem mächtigen Körper –

DER MISTER Ich habe den Saturn als Planeten.

VALERIE Ja, diese Planeten! Da hängt man damit zusammen und kann gar nichts dafür!

Gong.

DER CONFERENCIER *tritt vor den Vorhang:* Meine Sehrverehrten! Und abermals gibts eine herrliche Nummer! Was soll ich viele Worte machen, urteilen Sie selbst über unsere sensationellen, von ersten Künstlern entworfenen, hochkünstlerischen lebendigen Aktplastiken. Als erstes: Donaunixen! Darf ich bitten, Herr Kapellmeister!

Die Kapelle spielt nun den Walzer »An der schönen blauen Donau«, und es wird stockfinster im Zuschauerraum; dann teilt sich der Vorhang, und man sieht drei

halbnackte Mädchen, deren Beine in Schwanzflossen
stecken. – Eine hält eine Leier in der Hand – alle sind
malerisch gruppiert vor einem schwarzen Vorhang im
grünen Scheinwerferlicht; von der Bar her hört man des
Zauberkönigs Stimme: »Nackete Weiber, sehr richtig!« – Der Vorhang schließt sich, starker Applaus.
Gong.

DER CONFERENCIER *erscheint wieder vor dem Vorhang:*
Das zweite Bild: unser Zeppelin!
Bravorufe.

DER CONFERENCIER Darf ich bitten, Herr Kapellmeister!
*Und nun ertönt der »Fridericus rex« – und auf der
Bühne stehen drei nackte Mädchen – die erste hält einen
Propeller in den Händen, die zweite einen Globus und
die dritte einen kleinen Zeppelin – das Publikum rast
vor Beifall, schnellt von den Sitzen in die Höhe und
singt die erste Strophe des Deutschlandliedes, worauf es
sich wieder beruhigt.*
Gong.

DER CONFERENCIER *wieder vor dem Vorhang:* Und nun,
meine Sehrverehrten, das dritte Bild: »Die Jagd nach
dem Glück.«
Totenstille.

DER CONFERENCIER Darf ich bitten, Herr Kapellmeister –
*Die »Träumerei« von Schumann erklingt und der Vor-
hang teilt sich zum dritten Male – eine Gruppe nackter
Mädchen, die sich gegenseitig niedertreten, versucht
einer goldenen Kugel nachzurennen, auf welcher das
Glück auf einem Bein steht – das Glück ist ebenfalls
unbekleidet und heißt Marianne.*

VALERIE *schreit gellend auf im finsteren Zuschauerraum:*
Marianne! Jesus Maria Josef! Marianne!!

MARIANNE *erschrickt auf ihrer Kugel, zittert, kann das
Gleichgewicht nicht mehr halten, muß herab und*

starrt, geblendet vom Scheinwerfer, in den dunklen Zuschauerraum.

DER MISTER Was denn los?!

VALERIE *außer sich:* Marianne, Marianne, Marianne!!

DER MISTER *wird wütend* Brüll nicht! Bist denn plemplem?!

VALERIE Marianne!

DER MISTER Kusch! Da hast du deine Marianne! *Er boxt ihr in die Brust.*

VALERIE *schreit.*

Große Unruhe im Publikum; Rufe: »Licht! Licht!«

DER CONFERENCIER *stürzt auf die Bühne:* Vorhang! Was ist denn los?! Licht! Vorhang! Licht!

Der Vorhang fällt vor der starr in den Zuschauerraum glotzenden Marianne, die übrigen Mädchen sind bereits unruhig ab – und nun wird es Licht im Zuschauerraum und wieder für einen Augenblick totenstill. Alles starrt auf Valerie, die mit dem Gesicht auf dem Tisch liegt, hysterisch und besoffen, weint und schluchzt.

ZAUBERKÖNIG *steht an der Bar und hält die Hand auf sein Herz.*

VALERIE *wimmert:* Die Mariann – die Mariann – die liebe kleine Mariann – oh, oh, oh – ich hab sie ja schon gekannt, wie sie noch fünf Jahre alt war, meine Herren!

DER CONFERENCIER Von wem redet sie da?

DER MISTER Keine Ahnung!

DER CONFERENCIER Hysterisch?

DER MISTER Epileptisch!

EINE GEMÜTLICHE STIMME So werfts es doch naus, die besoffene Bestie!

VALERIE Ich bin nicht besoffen, meine Herren! Ich bin das nicht – nein, nein, nein! *Sie schnellt empor und will hinauslaufen, stolpert aber über ihre eigenen Füße, stürzt und reißt einen Tich um – jetzt hat sie sich blutig geschlagen.* Nein, das halt ich nicht aus, ich bin doch nicht aus Holz, ich bin doch noch lebensfroh, meine Herren – das halt ich nicht aus, das halt ich nicht aus! *Sie rast brüllend nach Haus.*

ALLE *außer dem Zauberkönig, sehen ihr perplex nach. Stille, dann: Gong.*

DER CONFERENCIER *springt auf einen Stuhl:* Meine Sehrverehrten! Damen und Herren! Das war nun der Schluß unseres offiziellen Programms – und nun beginnt in der Bar der inoffizielle Teil! *Man hört aus der Bar die Tanzmusik.* Im Namen meiner Direktion danke ich Ihnen für den zahlreichen Besuch und wünsche Ihnen eine recht gute Nacht! Auf Wiedersehen, meine Herrschaften!

DIE HERRSCHAFTEN *räumen allmählich das Lokal.*

ZAUBERKÖNIG Herr Rittmeister –

RITTMEISTER Bitte?

ZAUBERKÖNIG Also deshalb wollten Sie nicht ins Moulinbleu, sondern hier. – Das waren also Ihre bewußten pikanten Überraschungen, ich hab gleich so eine komische Aversion gehabt – so eine Ahnung, daß mir nichts Gutes bevorsteht –

RITTMEISTER Ich wußte es, daß das Fräulein Mariann hier auftritt – ich war nämlich schon öfters da – erst gestern wieder – und ich kann es halt nicht mehr länger mitansehen! Ihr steinernes Herz –

ZAUBERKÖNIG Mischen Sie sich nicht in wildfremde Familienangelegenheiten, Sie Soldat!!

RITTMEISTER Meine menschliche Pflicht –

ZAUBERKÖNIG *unterbricht ihn:* Was ist das?

RITTMEISTER Sie sind kein Mensch!

ZAUBERKÖNIG Also das hör ich gern! Schon sehr gern! Was soll ich denn schon sein, wenn ich kein Mensch bin, Sie?! Vielleicht ein Vieh?! Das tät Ihnen so passen! Aber

ich bin kein Vieh und hab auch keine Tochter, bitt ich
mir aus!!

RITTMEISTER Jetzt hab ich hier nichts mehr verloren. *Er
verbeugt sich steif und ab.*

ZAUBERKÖNIG Und ich werd mir vielleicht noch was holen? Ich bin in einer Untergangsstimmung, Herr Mister!
Jetzt möcht ich Ansichtskarten schreiben, damit die
Leut vor Neid zerplatzen, wenn sie durch mich selbst
erfahren, wie gut daß es mir geht!

DER MISTER Ansichtskarten! Glänzende Idee! Das ist eine
Idee! Ansichtskarten, Ansichtskarten! *Er kauft einer
Verkäuferin gleich einen ganzen Stoß ab, setzt sich dann
abseits an einen Tisch und schreibt – nun ist er allein
mit dem Zauberkönig; aus der Bar tönt Tanzmusik.*

MARIANNE *kommt langsam in einem Bademantel und
bleibt vor dem Zauberkönig stehen.*

ZAUBERKÖNIG *starrt sie an, betrachtet sie von oben bis
unten – dreht ihr den Rücken zu.*
Pause.

MARIANNE Warum hast du meine Briefe nicht gelesen? Ich
hab dir drei Briefe geschrieben. Aber du hast sie nicht
aufgemacht und hast sie zurückgehen lassen.
Pause.

MARIANNE Ich hab dir geschrieben, daß er mich verlassen
hat –

ZAUBERKÖNIG *wendet sich langsam ihr zu und fixiert sie
gehässig:* Das weiß ich. *Er dreht ihr wieder den Rücken
zu.*
Pause.

MARIANNE Weißt du auch, daß ich ein Kind hab –?

ZAUBERKÖNIG Natürlich!
Pause.

MARIANNE Es geht uns sehr schlecht, mir und dem kleinen
Leopold –

ZAUBERKÖNIG Was?! Leopold?! Der Leopold, das bin doch ich! Na, das ist aber der Gipfel! Nennt ihre Schand nach mir! Das auch noch! Schluß jetzt! Wer nicht hören will, muß fühlen! Schluß! *Er erhebt sich, muß sich aber gleich wieder setzen.*

MARIANNE Du bist ja betrunken, Papa –

ZAUBERKÖNIG Also werd nur nicht ordinär! Ich bin nicht dein Papa, ein für allemal! Und nur nicht ordinär, sonst – *Er macht die Geste des Ohrfeigens.* Denk lieber an dein Mutterl selig! Die Toten hören alles!

MARIANNE Wenn mein Mutterl noch leben würde –

ZAUBERKÖNIG Laß dein Mutterl aus dem Spiel, bitt ich mir aus! Wenn sie dich so gesehen hätt, so nacket auf dem Podium herumstehen – dich den Blicken der Allgemeinheit preisgeben. – Ja schämst dich denn gar nicht mehr? Pfui Teufel!

MARIANNE Nein, das kann ich mir nicht leisten, daß ich mich schäm.

Stille.

Die Musik in der Bar ist nun verstummt.

MARIANNE Ich verdien hier zwei Schilling pro Tag. Das ist nicht viel, inklusive dem kleinen Leopold. – Was kann ich denn aber auch anderes unternehmen? Du hast mich ja nichts lernen lassen, nicht einmal meine rhythmische Gymnastik, du hast mich ja nur für die Ehe erzogen –

ZAUBERKÖNIG Oh du miserables Geschöpf! Jetzt bin ich noch schuld!

MARIANNE Hör mal, Papa –

ZAUBERKÖNIG *unterbricht sie:* Ich bin kein Papa!

MARIANNE *schlägt mit der Faust auf den Tisch:* Aber so hör auf, ja. Du bist doch mein Papa, wer denn sonst!? Und hör jetzt mal – wenn das so weitergeht, ich kann nichts verdienen – und auf den Strich gehen kann ich nicht, ich kann das nicht, ich habs ja schon versucht, aber ich kann mich nur einem Manne geben, den ich aus ganzer Seele mag – ich hab ja als ungelernte Frau sonst nichts zu geben – dann bleibt mir nur der Zug.

ZAUBERKÖNIG Was für ein Zug?

MARIANNE Der Zug. Mit dem man wegfahren kann. Ich wirf mich noch vor den Zug –

ZAUBERKÖNIG So! Das auch noch. Das willst du mir also auch noch antun – *Er weint plötzlich.* Oh du gemeines Schwein, was machst du denn mit mir auf meine alten Tag? Eine Schande nach der anderen – oh ich armer alter Mensch, mit was hab ich denn das verdient?!

MARIANNE *scharf:* Denk nicht immer an dich!

ZAUBERKÖNIG *hört auf zu weinen, starrt sie an, wird wütend:* So wirf dich doch vor den Zug! Wirf dich doch, wirf dich doch! Samt deiner Brut!! – Oh, mir ist übel – übel – wenn ich nur brechen könnt – *Er beugt sich über den Tisch, schnellt aber plötzlich empor.* – Denk lieber an deinen Himmelvater! An unseren lieben Herrgott da droben – *Er wankt fort.*

MARIANNE *sieht ihm nach und schaut dann empor, dorthin, wo der Himmel liegt; leise:* Da droben –
Aus der Bar ertönt nun wieder Tanzmusik.

DER MISTER *ist nun fertig mit seiner Ansichtskartenschreiberei und entdeckt Marianne, die noch immer in den Himmel schaut:* Ah, eine Primadonna – *Er betrachtet sie lächelnd.* Sagen Sie – haben Sie nicht zufällig einige Briefmarken bei sich?

MARIANNE Nein.

DER MISTER *langsam:* Nämlich, ich brauche zehn Zwanziggroschenmarken und zahle dafür fünfzig Schilling.
Pause.

DER MISTER Sechzig Schilling.
Pause.

DER MISTER *nimmt seine Brieftasche heraus:* Da sind die

Schillinge und da sind die Dollars –

MARIANNE Zeigen Sie.

DER MISTER *reicht ihr die Brieftasche.*
Pause.

MARIANNE Sechzig?

DER MISTER Fünfundsechzig.

MARIANNE Das ist viel Geld.

DER MISTER Das will verdient sein.
Stille.
Mit der Tanzmusik ist es nun wieder vorbei.

MARIANNE Nein. Danke. *Sie gibt ihm die Brieftasche zurück.*

DER MISTER Was heißt das?

MARIANNE Ich kann nicht. Sie haben sich in mir geirrt, Herr –

DER MISTER *packt sie plötzlich am Handgelenk und brüllt:* Halt! Halt, du hast mich jetzt bestohlen, du Dirne, Diebin, Verbrecherin, Hand aufmachen – auf!!

MARIANNE Au!

DER MISTER Da! Hundert Schilling! Meinst, ich merk das nicht, du blöde Hur!? *Er gibt ihr eine Ohrfeige.* Polizei! Polizei!

ALLES *erscheint aus der Bar.*

DER CONFERENCIER Was ist denn los, um Gottes Christi willen?!

DER MISTER Diese Hur da hat mich bestohlen! Hundert Schilling, hundert Schilling! Polizei!

MARIANNE *reißt sich vom Mister los:* Ihr sollt mich nicht mehr schlagen! Ich will nicht mehr geschlagen werden!

BARONIN *erscheint.*

MARIANNE *schreit entsetzt.*

II

Draußen in der Wachau

Alfred sitzt mit seiner Großmutter vor dem Häuschen in der Abendsonne – und unweit steht der Kinderwagen.

DIE GROSSMUTTER Ich hab dich ja schon immer für einen Lügner gehalten, aber daß du ein solcher Scheißkerl bist, wär mir nie im Traum eingefallen! Borgt sich da von mir dreihundert Schilling für Frankreich zu einer Speditionsfirma – und kommt jetzt nach drei Wochen an und beichtet, daß er gar nicht in Frankreich war, sondern daß er alles verspielt hat am Trabrennplatz! Wirst dort enden, wo deine saubere Mariann sitzt! Im Zuchthaus!

ALFRED Vorerst sitzt sie ja noch gar nicht im Zuchthaus, sondern nur im Untersuchungsgefängnis, und morgen wird ihr doch erst der Prozeß gemacht – und dann ist es ja nur ein Diebstahlsversuch, Schaden ist keiner entstanden, also hat sie mildernde Umständ und wird sicher nur bedingt verurteilt werden, weil sie noch nicht vorbestraft ist –

DIE GROSSMUTTER Nimm sie nur in Schutz, nimm sie nur in Schutz. – Schön hab ich mich in dir getäuscht, ich habs ja schon immer gewußt, daß du ein Verbrecher bist!

ALFRED Willst mir also nicht verzeihen?

DIE GROSSMUTTER Häng dich auf!

ALFRED Bäääh! *Er streckt die Zunge heraus.*

DIE GROSSMUTTER Bäääh! *Sie streckt ihm die Zunge heraus.*
Stille.

ALFRED *erhebt sich:* Also mich siehst du jetzt nicht so bald wieder.

DIE GROSSMUTTER Und die dreihundert Schilling? Und die hundertfünfzig vom vorigen Jahr?!

ALFRED Und wenn du jetzt zerspringst, es ist doch so, daß ich es genau fühl, daß auch ich in einer gewissen Hinsicht mitschuldig bin an der Mariann ihrem Schicksal –

DIE GROSSMUTTER *schnappt nach Luft.*

ALFRED *lüftet seinen Strohhut:* Küß die Hand, Großmama! *Ab.*

DIE GROSSMUTTER *außer sich vor Wut:* Schau, daß du verschwindst! Luder, dreckiges! Mir sowas ins Gesicht zu sagen! Weg! Marsch! Scheißkerl! *Sie setzt sich an das Tischchen, auf dem ihre Zither liegt, und stimmt sie.*

DIE MUTTER *tritt aus dem Häuschen:* Ist der Alfred schon fort?

DIE GROSSMUTTER Gott sei Dank!

DIE MUTTER Er hat sich von mir gar nicht verabschiedet –

DIE GROSSMUTTER Einen feinen Sohn hast du da – frech und faul! Ganz der Herr Papa!

DIE MUTTER So laß doch den Mann in Ruh! Jetzt liegt er schon zehn Jahr unter der Erden, und gibst ihm noch immer keine Ruh!

DIE GROSSMUTTER Wer hat ihn denn so früh unter die Erden gebracht? Ich vielleicht? Oder der liebe Alkohol? – Deine ganze Mitgift hat er versoffen!

DIE MUTTER Jetzt will ich aber nichts mehr hören, ich will nicht!

DIE GROSSMUTTER Halts Maul! *Sie spielt auf ihrer Zither den Doppeladlermarsch.*

DIE MUTTER *beugt sich besorgt über den Kinderwagen, und die Großmutter beendet ihren Marsch:* Er macht mir Sorgen, der kleine Leopold – er hat so stark gehustet, und jetzt hat er rote Backerln und so einen ganz anderen Blick – damals beim armen kleinen Ludwig hats genau so begonnen –

DIE GROSSMUTTER Gott gibt und Gott nimmt.

DIE MUTTER Mama!

DIE GROSSMUTTER Mutterl im Zuchthaus und Vaterl ein Hallodri! Für manche wärs schon besser, wenns hin wären!

DIE MUTTER Möchst denn du schon hin sein?

DIE GROSSMUTTER *kreischt:* Vergleich mich nicht mit dem dort! *Sie deutet auf den Kinderwagen.* Meine Eltern waren ehrliche Leut! *Sie spielt wütend ein Menuett.*

DIE MUTTER So spiel doch nicht!

DIE GROSSMUTTER *unterbricht ihr Spiel:* Was schreist denn so?! Bist narrisch?! *Sie fixieren sich.*
Stille.

DIE MUTTER *bange:* Mama – ich hab es gesehn –

DIE GROSSMUTTER Was?

DIE MUTTER Was du heut nacht gemacht hast –
Stille.

DIE GROSSMUTTER *lauernd:* Was hab ich denn gemacht?

DIE MUTTER Du hast die beiden Fenster aufgemacht und hast das Betterl mit dem kleinen Leopold in den Zug gestellt –

DIE GROSSMUTTER *kreischt:* Das hast du geträumt! Das hast du geträumt!

DIE MUTTER Nein, das hab ich nicht geträumt. Und wenn du zerspringst!

III

Und abermals in der stillen Straße im achten Bezirk

Der Rittmeister liest noch immer die Ziehungsliste, und Valerie steht in der Tür ihrer Tabak-Trafik – Es scheint überhaupt alles beim alten geblieben zu sein, nur auf der Puppenklinikauslage klebt ein Zettel: »Ausverkauf«.

VALERIE *boshaft:* Was haben wir denn gewonnen, Herr Rittmeister?

RITTMEISTER *reicht ihr die Ziehungsliste zurück:* Es ist Samstag, Frau Valerie. Und morgen ist Sonntag.

VALERIE Das ist halt unser irdisches Dasein, Herr Rittmeister.

RITTMEISTER Ausverkauf! Mein Gewissen ist rein und trotzdem. Ich war doch damals im Maxim nur von den altruistischesten Absichten beseelt – versöhnend hab ich wirken wollen, versöhnend – und derweil hat sich eine Tragödie nach der anderen abgerollt. Die arme Mariann wird eingekastelt und verurteilt –

VALERIE *unterbricht ihn:* Bedingt, Herr Rittmeister! Bedingt!
Stille.

RITTMEISTER Ist er eigentlich noch geärgert auf mich, der Herr Zauberkönig?

VALERIE Wegen was denn?

RITTMEISTER Na, ich denk, wegen der fatalen Situation im Maxim, die wo ich ihm inszeniert hab.

VALERIE Aber Herr Rittmeister! Nach all dem, was der Mann durchgemacht hat, hat er keine Lust mehr, sich über Sie zu ärgern – er ist überhaupt viel versöhnlicher geworden, er ist halt gebrochen. Als er seinerzeit gehört hat, daß die liebe Mariann gestohlen hat, da hat ihn ja fast der Schlag getroffen!

RITTMEISTER So ein Schlaganfall ist kein Witz.

VALERIE Er hat ja schon direkt die Sphärenmusik gehört.

RITTMEISTER Was verstehen Sie unter Sphärenmusik?

VALERIE Wenn einer knapp vor dem Tode ist, dann fängt
die arme Seel bereits an, den Körper zu verlassen – aber
nur die halbe Seel – und die fliegt dann schon hoch
hinauf und immer höher und dort droben gibts eine
sonderbare Melodie, das ist die Musik der Sphären –
Stille.

RITTMEISTER Möglich. An und für sich –
*Jetzt spielt die Realschülerin im zweiten Stock einen
Walzer von Johann Strauß.*

VALERIE Können Sie schweigen, Herr Rittmeister?

RITTMEISTER Natürlich!

VALERIE Ehrenwort?

RITTMEISTER Na wenn ich als alter Offizier nicht schweigen könnt! Denkens doch nur mal an all die militärischen Geheimnisse, die ich weiß!
Pause.

VALERIE Herr Rittmeister. Sie war bei mir.

RITTMEISTER Wer?

VALERIE Die Mariann. Ja, die Mariann. Sie hat mich aufgesucht. Vier Wochen ist sie jetzt gesessen in ihrer
Untersuchungshaft, und jetzt hat sie nichts zum Beißen – nur ihren Stolz, den hat sie noch gehabt! Aber den
hab ich ihr gründlich ausgetrieben, kann ich nur sagen!
Gründlich! Verlassen Sie sich nur auf mich, Herr Rittmeister, ich werd sie schon mit ihrem Papa aussöhnen,
wir Frauen verstehen das besser als wie die Herren der
Schöpfung! Sie haben ja das im Maxim viel zu direkt
versucht – mein Gott, hab ich mich damals erschrocken!

RITTMEISTER Ende gut, alles gut!

ERICH *kommt rasch von rechts – er will in die Puppenkli-*

nik, erblickt aber den Rittmeister und fixiert ihn – und die Realschülerin bricht den Walzer ab, mitten im Takt.

RITTMEISTER *betrachtet Erich geringschätzig – grüßt dann höflich Valerie und ab, knapp an Erich vorbei.*

ERICH *sieht ihm finster nach und betrachtet dann Valerie.*

VALERIE *will ab in ihre Tabak-Trafik.*

ERICH Halt! Verzeihen, Gnädigste! Ich möchte Sie nur darauf aufmerksam machen, daß wir uns jetzt wahrscheinlich das letztemal sehen –

VALERIE Hoffentlich!

ERICH Ich fahre nämlich morgen früh – für immer.

VALERIE Glückliche Reise!

ERICH Danke! *Er grüßt wieder korrekt und will ab in die Puppenklinik.*

VALERIE *plötzlich:* Halt!

ERICH Zu Befehl!
Stille.

VALERIE Wir wollen uns nicht so Adieu sagen – Komm, geben wir uns die Hand – trennen wir uns als gute Kameraden –

ERICH Gut. *Er gibt ihr die Hand; zieht dann ein Notizbuch aus der Tasche und blättert darin.* Hier steht es genau notiert: Soll und Haben – jede Zigarette.

VALERIE *freundlich:* Ich brauch deine Zigaretten nicht –

ERICH Ehrensache!

VALERIE *nimmt seine Hand, in der er das Notizbuch hält, und streichelt sie:* Du bist halt kein Psychologe, Erich – *Sie nickt ihm freundlich zu und langsam ab in die Tabak-Trafik – und jetzt spielt die Realschülerin wieder.*

ERICH *sieht ihr nach; ist nun allein:* Altes fünfzigjähriges Stück Scheiße – *Ab in die Puppenklinik.*

OSKAR *kommt mit Alfred aus seiner Fleischhauerei:* Also auf alle Fäll dank ich Ihnen herzlichst, daß Sie mich besucht haben – und daß wir uns so gut vertragen in puncto Mariann.

ALFRED Es bleibt dabei: Ich laß ab von ihr – für ewig. *Er erblickt den Zettel auf der Puppenklinikauslage.* Was? »Ausverkauf«?

OSKAR *lächelt:* Auch das, lieber Herr – Es wird sich hier bald ausgezaubert haben, das heißt: falls er sich nicht wieder mit unserer Mariann versöhnt, denn so solo schaffts der Alte nicht mehr –

ALFRED Wie traurig das alles ist! Glaubens mir nur, ich bin an dieser ganzen Geschicht eigentlich unschuldig – heut begreif ich mich gar nicht, ich hab es doch so gut gehabt früher, ohne Kummer und ohne Sorgen – und dann läßt man sich in so ein unüberlegtes Abenteuer hineintreiben – es geschieht mir schon ganz recht, weiß der Teufel, was in mich gefahren ist!

OSKAR Das ist halt die große Liebe gewesen.

ALFRED Oh nein! Dazu hab ich schon gar kein Talent. – Ich war nur zu weich. Ich kann halt nicht nein sagen, und dann wird so eine Liaison automatisch immer ärger. Ich wollt nämlich seinerzeit Ihre Verlobung wirklich nicht auseinanderbringen – aber die liebe Mariann bestand auf dem Alles-oder-Nichts-Standpunkt. Verstehens mich?

OSKAR Leicht. Der Mann ist ja nur der scheinbar aktive Teil und das Weib nur der scheinbar passive – wenn man da näher hineinleuchtet –

ALFRED Abgründe tun sich auf.

OSKAR Und sehens, deshalb war ich Ihnen persönlich eigentlich nie so recht bös – Ihnen hab ich nie etwas Böses gewünscht – während die Mariann – *Er lächelt.* Ja, die hat bitter büßen müssen, das arme Hascherl – für die große Leidenschaft ihres Lebens –

ALFRED Nein, soviel Leut ins Unglück zu stürzen! Wirklich: wir Männer müßten mehr zusammenhalten.

OSKAR Wir sind halt zu naiv.

ALFRED Allerdings.

Jetzt bricht die Realschülerin wieder ab.

ALFRED Herr Oskar. Ich weiß gar nicht, wie ich Ihnen danken soll, daß Sie es übernommen haben, mich mit der Frau Valerie wieder auszusöhnen –

OSKAR *unterbricht ihn:* Pst!

ZAUBERKÖNIG *begleitet Erich aus der Puppenklinik – beide bemerken weder Alfred noch Oskar, die sich in die Tür der Fleischhauerei zurückgezogen haben:* Also nochmals, gute Reise, Erich! Bleib gesund und komm gut nach Dessau!

ERICH Nach Kassel, Onkel!

ZAUBERKÖNIG Kassel und Dessau – das werd ich nimmer lernen! Und vergiß unsere Wienerstadt nicht und deinen armen alten Onkel!

ERICH *schlägt nochmals die Hacken zusammen, verbeugt sich straff und ab, ohne sich umzusehen.*

ZAUBERKÖNIG *sieht ihm gerührt nach – erblickt dann Valerie, die, als sie Erichs Stimme gehört hatte, wieder in ihrer Tür erschien und horchte:* Ein Prachtkerl, was? *Nun spielt die Realschülerin wieder.*

VALERIE *nickt langsam ja.*

ZAUBERKÖNIG *holt sich aus dem Ständer vor der Tabak-Trafik eine Zeitung und durchblättert sie:* Ja ja, Europa muß sich schon einigen, denn beim nächsten Krieg gehen wir alle zugrund – aber kann man sich denn alles bieten lassen?! Was sich da nur die Tschechen wieder herausnehmen! Ich sag dir heut: morgen gibts wieder einen Krieg! Und den muß es auch geben! Krieg wirds immer geben!

VALERIE *ist immer noch anderswo:* Das schon. Aber das wär halt das Ende unserer Kultur.

ZAUBERKÖNIG Kultur oder nicht Kultur – Krieg ist ein Naturgesetz! Akkurat wie die liebe Konkurrenz im geschäftlichen Leben! Ich für meine Person bin ja konkurrenzlos, weil ich ein Spezialgeschäft bin. Trotzdem geh ich zugrund. Ich kanns halt allein nicht mehr schaffen, mich macht schon jeder Käufer nervös – Früher, da hab ich eine Frau gehabt, und wie die angefangen hat zu kränkeln, da ist die Mariann schon so groß gewesen –

VALERIE Wie groß?

ZAUBERKÖNIG So groß!

Pause.

VALERIE Wenn ich Großpapa wär –

ZAUBERKÖNIG *unterbricht sie:* Ich bin aber kein Großpapa, bitt ich mir aus! *Er faßt sich ans Herz und der Walzer bricht ab.* Reg mich doch nicht auf! Au, mein Herz –

Stille.

VALERIE Tuts weh?

ZAUBERKÖNIG Bestialisch – Du weißt, was der Medizinalrat gesagt hat – mich könnt so ein Schlagerl treffen wie nix –

VALERIE Ich kenn das von meinem Seligen her – Stichts?

ZAUBERKÖNIG Es sticht – es sticht –

Stille.

VALERIE Leopold. Der liebe Gott hat dir einen Fingerzeig gegeben – daß du nämlich noch unter uns bist – Still! Reg dich nur nicht auf, reg dich nicht auf – sonst kommt der Schlaganfall, der Schlaganfall, und dann – und dann – versöhn dich doch lieber, du alter Trottel – versöhn dich, und du wirst auch dein Geschäft wieder weiterführen können, es wird alles wieder besser, besser, besser!

Stille.

ZAUBERKÖNIG Meinst du?

VALERIE Schau, die Mariann – das ist doch kein böser Mensch, das ist doch nur ein dummes Weiberl – ein ganz armes dummes Weiberl –

ZAUBERKÖNIG Dumm ist sie schon. Saudumm!

VALERIE Und die hat sich eingebildet, die Welt nach ihrem Bild umzuformen – aber die Welt folgt halt doch nur dem Verstand, gelt, Großpapa?

ZAUBERKÖNIG Großpapa?

VALERIE Ja.

Stille.

Dann spielt wieder die Realschülerin.

ZAUBERKÖNIG *läßt sie langsam stehen und wendet sich seiner Puppenklinik zu – hält vor der Auslage und betrachtet den Ausverkaufszettel; dann nickt er Valerie freundlich zu, reißt den Zettel ab und verschwindet in seiner Puppenklinik.*

VALERIE *grinst befriedigt und steckt sich eine Zigarette an.*

OSKAR Frau Valerie! Jetzt hätt ich für Sie eine Überraschung!

VALERIE Was für eine Überraschung?

OSKAR Es möcht sich jemand mit Ihnen versöhnen.

VALERIE Wer? Erich?

OSKAR Nein.

VALERIE Sondern?

OSKAR Dort –

VALERIE *nähert sich der Fleischhauerei und erblickt Alfred.*

ALFRED *grüßt.*

Pause.

VALERIE Ach!

Jetzt ist es wieder aus mit der Musik.

ALFRED Du ahnst es ja nicht, was mich diese Reue für innere Kämpfe gekostet hat, dieser Gang nach Ca-

197

nossa – Ich hab ja schon vor mir selbst gar kein Schamgefühl mehr, weil ich weiß, daß ich dir Unrecht getan
hab.

VALERIE Mir?

ALFRED Ja.

VALERIE Wann denn?

ALFRED *ist perplex.*

VALERIE Mir hast du nichts Schlechtes getan.

ALFRED *ist noch perplexer; er lächelt verlegen:* Na, ich
hab dich doch immerhin verlassen –

VALERIE Du mich? Ich dich! Und außerdem war das auch
nichts Schlechtes, sondern nur etwas sehr Gutes, merk
dir das, du eitler Aff!

ALFRED Wir sind als gute Kameraden auseinander, verstanden?

VALERIE Wir zwei sind getrennte Leut, verstanden?! Weil
ich mit einem ausgemachten Halunken in der Zukunft
nichts mehr zu tun haben möcht!
Stille.

ALFRED Wieso denn ein ausgemachter? Du hast doch grad
selber gesagt, daß ich dir nichts getan hab!

VALERIE Mir nichts! Aber der Mariann! Und deinem
Kind?
Stille.

ALFRED Die Mariann hat immer gesagt, ich könnt hypnotisieren – *Er schreit sie an.* Was kann ich denn dafür,
daß ich auf die Frauen so stark wirk?!

VALERIE Schrei mich nicht an!

OSKAR Meiner Meinung nach war der Herr Alfred relativ
gut zur Mariann –

VALERIE Wenn ihr Mannsbilder nur wieder zusammenhelft! Oh, ich hab aber auch noch mein weibliches
Solidaritätsgefühl! *Zu Alfred.* So klein möcht ich dich
sehen, so klein!

Stille.

ALFRED Ich bin eine geschlagene Armee. Das muß du mir nicht zweimal sagen, daß ich ein schlechter Mensch bin, das weiß ich, weil ich halt zu guter Letzt ein schwacher Mensch bin. Ich brauch immer jemand, für den ich sorgen kann und muß, sonst verkomm ich sofort. Für die Mariann konnt ich aber nicht sorgen, das war mein spezielles Pech – Ja, wenn ich noch einiges Kapital gehabt hätt, dann hätt ich ja wieder auf die Rennplätz hinauskönnen, trotzdem daß sie es nicht hat haben wollen –

VALERIE Sie hat es nicht haben wollen?

ALFRED Aus moralischen Gründen.

VALERIE Das war aber dumm von ihr, wo das doch dein eigenstes Gebiet ist.

ALFRED Siehst du! Und an diesem Lebensauffassungsunterschied zerschellte auch schließlich unser Verhältnis. Ganz von allein.

VALERIE Lüg nicht.

Stille.

ALFRED Valerie. Ich hab eine Hautcreme vertreten, Füllfederhalter und orientalische Teppich – es ist mir alles danebengelungen und nun steck ich in einer direkt schweinischen Situation. Du hast doch früher auch für eine jede Schweinerei Verständnis gehabt –

VALERIE *unterbricht ihn:* Wie wars denn in Frankreich?

ALFRED Relativ genau wie hier.

VALERIE Und wie sind denn die Französinnen?

ALFRED Wie sie alle sind. Undankbar.

VALERIE *lächelt:* Du Lump. Was würdest du denn tun, wenn ich dir jetzt fünfzig Schilling leihen würd?

Stille.

ALFRED Fünfzig?

VALERIE Ja.

ALFRED Ich würde natürlich sofort telegraphisch in Maisons-Laffitte Sieg und Platz –

VALERIE *unterbricht ihn:* Und? Und?

ALFRED Wieso?

VALERIE Und den Gewinn?

Stille.

ALFRED *lächelt hinterlistig:* Den voraussichtlichen Gewinn würde ich morgen persönlich meinem Söhnchen überreichen –

VALERIE Werden sehen –! Werden sehen!

MARIANNE *kommt rasch und erschrickt.*

OSKAR Mariann!

VALERIE Na also!

MARIANNE *starrt einen nach dem anderen an – will rasch wieder fort.*

VALERIE Halt! Dageblieben! Jetzt werden wir mal den Schmutz da zusammenräumen – jetzt kommt die große Stöberei! Jetzt wird versöhnt und basta!

Stille.

OSKAR Mariann. Ich verzeihe dir gern alles, was du mir angetan hast – denn lieben bereitet mehr Glück, als geliebt zu werden. – Wenn du nämlich nur noch einen Funken Gefühl in dir hast, so mußt du es jetzt spüren, daß ich dich trotz allem noch heut an den Altar führen tät, wenn du nämlich noch frei wärst – ich meine jetzt das Kind –

Stille.

MARIANNE Was denkst du da?

OSKAR *lächelt:* Es tut mir leid.

MARIANNE Was?

OSKAR Das Kind –

Stille.

MARIANNE So laß doch das Kind in Ruh – Was hat dir denn das Kind getan? Schau mich doch nicht so dumm an!

VALERIE Mariann! Hier wird jetzt versöhnt!

MARIANNE *deutet auf Alfred:* Aber nicht mit dem!

VALERIE Auch mit dem! Alles oder nichts! Auch das ist
doch nur ein Mensch!

ALFRED Ich danke dir.

MARIANNE Gestern hast du noch gesagt, daß er ein gemeines Tier ist.

VALERIE Gestern war gestern, und heut ist heut, und außerdem kümmer dich um deine Privatangelegenheiten.

ALFRED Nur wer sich wandelt, bleibt mit mir verwandt.

OSKAR *zu Marianne:*
Denn so lang du dies nicht hast
Dieses Stirb und Werde!
Bist du noch ein trüber Gast
Auf der dunklen Erde!

MARIANNE *grinst:* Gott, seid ihr gebildet –

OSKAR Das sind doch nur Kalendersprüch!

VALERIE Sprüch oder nicht Sprüch! Auch das ist doch nur
ein Mensch mit allen seinen angeborenen Fehlern und
Lastern – Du hast ihm auch keinen genügend starken
inneren Halt gegeben!

MARIANNE Ich hab getan, was ich tun konnte!

VALERIE Du bist halt noch zu jung!
Stille.

ALFRED Zu guter Letzt war ich ja auch kein Engel.

VALERIE Zu guter Letzt ist bei einer solchen Liaison überhaupt nie jemand schuld – das ist doch zu guter Letzt
eine Frage der Planeten, wie man sich gegenseitig bestrahlt und so.

MARIANNE Mich hat man aber eingesperrt.
Stille.

MARIANNE Sie haben mich sehr erniedrigt.

OSKAR Die Polizei trägt allerdings keine Glacéhandschuhe.

VALERIE Waren es wenigstens weibliche Kriminalbeamte?

MARIANNE Teils.

VALERIE Na also!

Stille.

VALERIE Marianderl. Jetzt geh nur ruhig dort hinein – *Sie deutet auf die Puppenklinik.*

MARIANNE Und?

VALERIE Geh nur –

MARIANNE Aber auf deine Verantwortung –

VALERIE Auf meine Verantwortung –

Stille.

MARIANNE *wendet sich langsam der Puppenklinik zu – legt die Hand auf die Klinke und dreht sich dann nochmals Valerie, Alfred und Oskar zu:* Ich möcht jetzt nur noch was sagen. Es ist mir nämlich zu guter Letzt scheißwurscht – und das, was ich da tu, tu ich nur wegen dem kleinen Leopold, der doch nichts dafür kann. – *Sie öffnet die Tür und das Glockenspiel erklingt, als wäre nichts geschehen.*

IV

Draußen in der Wachau

Die Großmutter sitzt in der Sonne und die Mutter schält Erdäpfel. Und der Kinderwagen ist nirgends zu sehen.

DIE GROSSMUTTER Frieda! Hast du ihr schon den Brief geschrieben?

DIE MUTTER Nein.

DIE GROSSMUTTER Soll ich ihn vielleicht schreiben?
Stille.

DIE GROSSMUTTER Da wir die Adress des lieben Herrn Alfred nicht kennen, müssen wir es doch ihr schreiben –

DIE MUTTER Ich schreib schon, ich schreib schon. – Sie werden uns noch Vorwürf machen, daß wir nicht aufgepaßt haben –

DIE GROSSMUTTER Wir? Du! Du, willst du wohl sagen!

DIE MUTTER Was kann denn ich dafür?!

DIE GROSSMUTTER Wars vielleicht meine Idee, das Kind in Kost zu nehmen?! Nein, das war deine Idee – weil du etwas Kleines, Liebes um dich hast haben wollen, hast du gesagt! Hast du gesagt! Ich war immer dagegen. Mit so was hat man nur Scherereien!

DIE MUTTER Gut. Bin ich wieder schuld. Gut. Am End bin ich dann vielleicht auch daran schuld, daß sich der kleine Leopold erkältet hat – und daß er jetzt im Himmel ist?! Herrgott, ist das alles entsetzlich!
Stille.

DIE GROSSMUTTER Vielleicht ist es ihr gar nicht so entsetzlich – ich meine jetzt deine Fräulein Mariann. – Man kennt ja diese Sorte Fräuleins – vielleicht wird das Fräulein sogar zufrieden sein, daß sie es los hat –

DIE MUTTER Mama! Bist du danebn?!

DIE GROSSMUTTER Was fällt dir ein, du Mistvieh?!

DIE MUTTER Was fällt dir ein, du Ungeheuer?! Das Fräulein ist doch auch nur eine Mutter, genau wie du!!

DIE GROSSMUTTER *kreischt:* Vergleich mich nicht mit ihr! Ich hab mein Kind in Ehren geboren, oder bist du ein unehelicher Schlampen?! Wo kein Segen von oben dabei ist, das endet nicht gut und soll es auch nicht! Wo kämen wir denn da hin?! Jetzt wird hier aber endlich geschrieben – und wenn du zu feig dazu bist, dann diktier ich dir! *Sie erhebt sich.* Setz dich her! Hier hast du Papier und Bleistift – ich habs schon vorbereitet.

DIE MUTTER Ungeheuer –

DIE GROSSMUTTER Kusch! Setz dich! Schreib! Freu dich, daß ich dir hilf!

DIE MUTTER *setzt sich.*

DIE GROSSMUTTER *geht gebeugt auf und ab und diktiert:* Wertes Fräulein! – Jawohl: Fräulein! – Leider müssen wir Ihnen eine für Sie recht traurige Mitteilung machen. Gott der Allmächtige hat es mit seinem unerforschlichen Willen so gewollt, daß Sie, wertes Fräulein, kein Kind mehr haben sollen. Das Kind hat sich nur etwas erkältet, und dann ist es sehr schnell dahingegangen – Punkt. Aber trösten Sie sich, Gott der Allmächtige liebt die unschuldigen Kinder. Punkt. Neuer Absatz.

MARIANNE *kommt mit Zauberkönig, Valerie, Oskar und Alfred, denen sie etwas vorausgeeilt ist:* Guten Tag, liebe Frau Zentner! Küß die Hand, Großmutter! Jetzt war ich aber lang nicht mehr da, ich bin ja nur froh, daß ich euch wiederseh – Das ist mein Vater!

ZAUBERKÖNIG *grüßt.*

DIE MUTTER *erblickt Alfred:* Alfred!

MARIANNE *wird es plötzlich unheimlich:* Was habt ihr denn –?

DIE GROSSMUTTER *reicht ihr den Brief.*

MARIANNE *nimmt ihr mechanisch den Brief ab und sieht*

sich scheu um; bange: Wo ist er denn – wo ist er denn –?

DIE GROSSMUTTER Lesen, bitte. Lesen –

MARIANNE *liest den Brief.*

ZAUBERKÖNIG Na, wo ist er denn, der kleine Leopold? *Er hält ein Kinderspielzeug in der Hand, an dem Glöckchen befestigt sind, und läutet damit.* Der Opapa ist da. Der Opapa!

MARIANNE *läßt den Brief fallen.*
  Stille.

ZAUBERKÖNIG *plötzlich ängstlich:* Mariann! Ist denn was passiert?

VALERIE *hat den Brief aufgehoben und gelesen; jetzt schreit sie:* Maria! Tot ist er! Hin ist er, der kleine Leopold!

ALFRED Tot?!

VALERIE Tot! *Sie schluchzt.*

ALFRED *schließt sie automatisch in seine Arme.*

ZAUBERKÖNIG *wankt – läßt das Kinderspielzeug fallen und hält die Hand vors Gesicht.*
  Stille.

DIE GROSSMUTTER *hebt neugierig das Kinderspielzeug auf und läutet damit.*

MARIANNE *beobachtet sie – stürzt sich plötzlich lautlos auf sie und will sie mit der Zither, die auf dem Tischchen liegt, erschlagen.*

OSKAR *drückt ihr die Kehle zu.*

MARIANNE *röchelt und läßt die Zither fallen.*
  Stille.

DIE GROSSMUTTER *hebt die Zither auf, leise:* Du Luder. Du Bestie. Du Zuchthäuslerin. – Mich? Mich möchst du erschlagen, mich?

DIE MUTTER *schreit die Großmutter plötzlich an:* Jetzt schau aber, daß du ins Haus kommst! Marsch! Marsch!

DIE GROSSMUTTER *geht langsam auf die Mutter zu:* Dir tät

es ja schon lange passen, wenn ich schon unter der Erden wär – nicht? Aber ich geh halt noch nicht, ich geh noch nicht – Da! *Sie gibt der Mutter eine Ohrfeige.* Verfaulen sollt ihr alle, die ihr mir den Tod wünscht! *Ab mit ihrer Zither in das Häuschen.*
Stille.

DIE MUTTER *schluchzt:* Na, das sollst du mir büßen – *Ihr nach.*

ZAUBERKÖNIG *nimmt langsam die Hand vom Gesicht:* Der zweite Schlaganfall, der zweite Schlaganfall – nein, nein, nein, lieber Gott, laß mich noch da, lieber Gott – *Er bekreuzigt sich.* Vater unser, der du bist im Himmel – groß bist du und gerecht – nicht wahr, du bist gerecht? Laß mich noch, laß mich noch – Oh, du bist gerecht, oh, du bist gerecht! *Er richtet sich seine Krawatte und geht langsam ab.*

VALERIE *zu Alfred:* Wie groß war er denn schon, der kleine Leopold?

ALFRED So groß –

VALERIE Meine innigste Kondolation.

ALFRED Danke. *Er zieht Geldscheine aus seiner Hosentasche.* Da. Jetzt hab ich gestern noch telegraphisch gesetzt und hab in Maisons-Laffitte gewonnen – und heut wollt ich meinem Sohne vierundachtzig Schilling bringen –

VALERIE Wir werden ihm einen schönen Grabstein setzen. Vielleicht ein betendes Englein.

ALFRED Ich bin sehr traurig. Wirklich. Ich hab jetzt grad so gedacht – so ohne Kinder hört man eigentlich auf. Man setzt sich nicht fort und stirbt aus. Schad! *Langsam ab mit Valerie.*

MARIANNE Ich hab mal Gott gefragt, was er mit mir vorhat. – Er hat es mir aber nicht gesagt, sonst wär ich nämlich nicht mehr da. – Er hat mir überhaupt nichts gesagt. – Er hat mich überraschen wollen. – Pfui!

OSKAR Marianne! Hadere nie mit Gott!

MARIANNE Pfui! Pfui! *Sie spuckt aus.*

Stille.

OSKAR Mariann. Gott weiß, was er tut, glaub mir das.

MARIANNE Kind! Wo bist du denn jetzt? Wo?

OSKAR Im Paradies.

MARIANNE So quäl mich doch nicht –

OSKAR Ich bin doch kein Sadist! Ich möcht dich doch nur trösten. – Dein Leben liegt doch noch vor dir. Du stehst doch erst am Anfang. – Gott gibt und Gott nimmt.

MARIANNE Mir hat er nur genommen, nur genommen –

OSKAR Gott ist die Liebe, Mariann – und wen er liebt, den schlägt er –

MARIANNE Mich prügelt er wie einen Hund!

OSKAR Auch das! Wenn es nämlich sein muß.

Nun spielt die Großmutter auf ihrer Zither drinnen im Häuschen die »Geschichten aus dem Wiener Wald« von Johann Strauß.

OSKAR Mariann. Ich hab dir mal gesagt, daß ich es dir nie wünsch, daß du das durchmachen sollst, was du mir angetan hast – und trotzdem hat dir Gott Menschen gelassen – die dich trotzdem lieben – und jetzt, nachdem sich alles so eingerenkt hat. – Ich hab dir mal gesagt, Mariann, du wirst meiner Liebe nicht entgehn –

MARIANNE Ich kann nicht mehr. Jetzt kann ich nicht mehr –

OSKAR Dann komm – *Er stützt sie, gibt ihr einen Kuß auf den Mund und langsam ab mit ihr – und in der Luft ist ein Klingen und Singen, als spielte ein himmlisches Streichorchester die »Geschichten aus dem Wiener Wald« von Johann Strauß.*

Ende des dritten und letzten Teiles

Anhang

10/102 *in unseren Tagen* – Gemeint ist die Zeit 1930/31. In Deutschland hatten die Wahlen zum Reichstag am 14. 9. 1930 den
Nationalsozialisten einen ungeheuren Stimmenzuwachs gebracht: sie steigerten ihren Anteil von bisher 12 auf 107 Sitze
im Reichstag. Damit war die NSDAP mit 18,3% die zweit-
stärkste Partei nach der SPD mit 24,5% der abgegebenen
Stimmen. (Vgl. hierzu Bd. 3, 164 ff.) – In Österreich, wo nach
der Novelle zur Bundesverfassung vom 7. 12. 1929 der Bundespräsident vom Volk statt vom Parlament gewählt wurde
und nicht mehr der Nationalrat die Regierung wählte, sondern der Bundespräsident sie bestellte, brachten die Wahlen
zum Nationalrat am 9. 11. 1930 den Sozialdemokraten 72,
den Christlich-Sozialen 66, dem nationalen Wirtschafts-
block 19 und dem Heimatblock 8 der insgesamt 165 Sitze;
damit bildeten die Sozialdemokraten seit 1919 zum ersten
Mal wieder die stärkste Fraktion. Im März 1931 verhandel-
ten der österreichische Außenminister Johannes Schober
(1874-1932) und der deutsche Außenminister Julius Curtius
(1877-1948) über eine Zollunion, die im Ausland (vor allem in
England, Frankreich, Italien und der Tschechoslowakei) als
versteckter Anschluß Österreichs an Deutschland gewertet
wurde. Österreich aber stellte die Zollunion als »den letzten
gemeinsamen österreichisch-deutschen Versuch dar, mit der
Wirtschaftskrise fertig zu werden und sich damit des andrän-
genden Nationalsozialismus zu erwehren« (Hellmut Andics,
*Der Staat, den keiner wollte. Österreich von der Gründung
der Republik bis zur Moskauer Deklaration*, Wien–München
1968, S. 167). – Siehe auch Erl. zu S. 103 und zu S. 195.

Wien – Damalige Bundeshauptstadt des Bundesstaates
Österreich mit ca. 1,8 Mill. Einwohnern.

Wiener Wald – Waldiges Bergland zwischen Tullner Feld,
dem Wiener Becken und dem Gölzen-Triestintal.

Wachau – Donautalstrecke in Niederösterreich zwischen Melk und Krems, die wegen ihrer landschaftlichen Schönheit und ihrer Burgen (bes. Aggstein und Dürnstein) bekannt ist.

–/103 *Draußen in der Wachau* – Nach dem Refrain des gleichnamigen Liedes; siehe S. 58/170 bzw. S. 231 dieses Bandes.

11/103 *Geschichten aus dem Wienerwald* – Walzer von Johann Strauß (Sohn; 1825-1899), op. 325 (1868).

–/103 *Burgruine* – Vermutlicher Schauplatz die Burgruine Greifenstein mit Blick auf die Donau-Auen im Tullner Becken.

Klingen und Singen – Nach dem Liedtext (von Julius Brammer und Alfred Grünwald, 1886-1939) aus der Operette *Gräfin Mariza* (1924) von Emmerich Kálmán: »Grüß' mir mein singendes, klingendes Märchen, mein Wien, mein Wien, mein Wien«.

Krise und Wirbel – Anspielung Horváths auf die innenpolitischen Auseinandersetzungen in Österreich, die am 3. 4. 1929 zum Rücktritt der Regierung des Bundeskanzlers Ignaz Seipel (1878-1932) geführt hatten. Erst vier Wochen später war es dem Vizepräsidenten der Handels- und Gewerbekammer, Ernst Streer Ritter von Streeruwitz (1874-1952), gelungen, eine neue Regierung vorzustellen, die jedoch schon am 25. 9. 1929 wieder zurücktrat. Am 26. 9. 1929 bildete Altbundeskanzler Johannes Schober (1874-1932) eine neue Regierung mit Carl Vaugoin (1873-1949) als Vizekanzler. Ein Jahr später, am 25. 9. 1930, trat Schober zurück, und Vaugoin bildete ein Minderheitenkabinett aus Christlich-Sozialen und Heimwehr. Nach den letzten freien Nationalratswahlen der Ersten Republik am 9. 11. 1930 (siehe Erl. zu S. 102) stellten die Sozialdemokraten die stärkste Fraktion. Vaugoin trat am 29. 11. 1930 mit seiner Regierung zurück; die neue Regierung unter dem christlich-sozialen Landeshauptmann von Vorarlberg, Otto Ender (1875-1960) resignierte bereits am 16. 6. 1931. Auch die am 26. 6. 1931 gebildete Regierung des christlich-sozialen Landeshauptmannes von Nieder-österreich, Karl Buresch (1878-1936), trat schon am 27. 1. 1932 wieder zurück. Die zweite Regierung Buresch, am 29. 1. 1932 gebildet, hielt bis zum 6. 5. 1932 und wurde dann durch drei Regierungsperioden mit Bundeskanzler Engelbert Doll-fuß an der Spitze abgelöst (20. 5.-21. 9. 1933, 21. 9.-10. 7. 1934 und 10.-25. 7. 1934). – Zu den innenpolitischen Schwie-rigkeiten kam noch, daß die größte österreichische Bank, die Creditanstalt, im September 1929 auf Drängen der Regie-rung Schober mit der bankrotten Bodenkreditanstalt fusio-nierte und 1931 ihr Geschäftsjahr mit einem Defizit von 140 Millionen Schilling schloß. Nur ein Kredit der Bank für Internationale Zahlungen und zehn europäischer Notenban-ken in Höhe von 150 Millionen Schilling, für den die öster-reichische Regierung die Haftung übernahm, retteten Ende Mai 1931 die Creditanstalt vor dem Zusammenbruch.

Hierlinger Ferdinand – Vgl. Horváths Geschichte *Die geret-tete Familie* (Band 11), die unter dem Titel *Ein Kapitel aus den Memoiren des Hierlinger Ferdinand* auch in ›Blätter des Deutschen Theaters‹, Berlin 1931/32, Heft III abgedruckt war.

Kabriolett – Zwei- oder viersitziges Auto mit rückklappba-rem Verdeck; benannt nach dem früheren leichten zweispän-nigen Pferdewagen mit Verdeck.

–/105 *Höll auf Erden* – Nach *Buch der Weisheit*: »Dazu ist der Höllen Reich nicht auf Erden« (1,14). *Die Hölle auf Erden oder Geschichte der Familie Fredini* (1800) von Johann Gott-fried Gruber (1774-1851) war das Gegenstück zu dem Buch *Der Himmel auf Erden* (1797) des dt. Pädagogen Christian Gotthilf Salzmann (1744-1811).

biblisches Alter – Nach Genesis 5,27 erreichte Metuschelach

(Methusalem) ein Alter von 969 Jahren, ein sog. »biblisches Alter«.

Gusto – In Österr. gebräuchlich für: Appetit, nach dem lat. gustus.

–/107 *Saint-Cloud* – Gemeinde im frz. Departement Seine-et-Oise an der Seine, gegenüber dem Bois de Boulogne; 16 340 Einwohner (1931).

Quote – Anteil eines Gewinnes oder Verlustes nach dem frz. quota (dt.: der wievielte Teil).

–/108 *Licht- und Schattenseiten* – Nach Johann Wolfgang Goethes (1749-1832) *Götz von Berlichingen mit der eisernen Hand* (1773): »Wo viel Licht ist, ist starker Schatten!«

Larifari – Geschwätz, Unsinn; Anfang des 18. Jhs aus den ital. Tonbezeichnungen la-re-fa-re gebildet. Im Wiener Theater auch Bezeichnung für den Hanswurst bzw. den Kasperl.

Ministerialdirigent – Leiter einer Abteilung innerhalb eines Ministeriums.

–/109 *Maisons-Lafitte* – Stadt am linken Seine-Ufer unterhalb von Paris im Departement Seine-et-Oise; 12 030 Einw. (1926).

derangiert – Österr. umgangssprachlich: völlig in Unordnung; nach dem frz. déranger.

Trauermarsch – Frédéric Chopins (1810-1849) *Trauermarsch* in h-Moll, op. 58.

11/110 *Stille Straße im achten Bezirk* – Gemeint ist der achte Wiener Gemeindebezirk, nach dem ehem. Vorort »Josefstadt« benannt, mit dem 1850 die Ortschaften Breitenfeld, Buchfeld,

Rotenhof, Strozzigrund und Teile von Alsergrund, Alt-Lerchenfeld, Hernals und St. Ulrich zusammengeschlossen wurden. – Der Originalschauplatz ist die Lange Gasse, eine Parallelstraße zur Piaristengasse, wo Horváth bei seinem Onkel Josef Prehnal (1875-1929) 1919 wohnte, als er in Wien sein Abitur machte. Vom 18. 3. 1920 bis 22. 6. 1920, vom 13. 5. 1931 bis 31. 5. 1931 und vom 22. 6. 1931 bis 14. 7. 1931 war Horváth in der Pension Zipser, Lange Gasse 49, gemeldet. Wenige Schritte von der Pension entfernt, Lange Gasse 29, steht das Haus, das Horváth als Kulisse für seine *stille Straße im achten Bezirk* diente. Ein Haus mit einem Laden für *Oskars gediegene Fleischhauerei*, mit einem Laden für *eine Puppenklinik mit Firmenschild »Zum Zauberkönig«*, darüber *ein Balkon mit Blumen* und – *endlich: eine kleine Tabak-Trafik*, Ecke Lange Gasse und Josefsgasse.

gediegene – In Österr. gebräuchlich für: solide, gut.

Trafik – In Österr. gebräuchlich für einen Tabak- und Zeitschriftenladen.

12/III   *Rittmeister* – Offizier im Rang eines Hauptmannes bei der Kavallerie; der nächsthöhere Rang war der eines Majors.

Zusammenbruch – Gemeint ist der Zusammenbruch der Österreichisch-Ungarischen Monarchie im Herbst 1918: am 28. 10. wurde in Prag die Unabhängigkeit des tschechoslowakischen Staates ausgerufen, am 28. 10. erklärte Ungarn seine Unabhängigkeit, am 29. 10. vereinigten sich die südslawischen Gebiete der Monarchie mit Serbien zum neuen Königreich Jugoslawien; am 12. 11. wurde in Wien die Republik Deutsch-Österreich ausgerufen.

Gedicht – Die Bezeichnung *Gedicht* für »zarte Blutwurst« ist abgeleitet von Goethes Vorspruch zur Abteilung »Kunst« seiner Gedichte in der Ausgabe von 1815 (Bd. 2,163): »Bilde, Künstler, Rede nicht!/Nur ein Hauch sei Dein Gedicht.«

Gourmand – Feinschmecker.

herumtransferiert – *Transferieren* bedeutet in der österr. Umgangssprache: jemanden aus dienstlichen Gründen versetzen.

13/112 *in Gala* – In festlicher Kleidung bzw. für einen besonderen Anlaß gekleidet; aus dem österr. Hofzeremoniell des 17./ 18. Jhs überliefert.

Über den Wellen – Walzer von Juventino Rosas.

Ziehungsliste – Offizielle Veröffentlichung der bei der Klassenlotterie gezogenen Losnummer. Die »k.u.k. österreichische Klassenlotterie« wurde am 3. 1. 1913 eingeführt.

14/113 *Glück in der Liebe* – Nach dem dt. Sprichwort: »Glück in der Liebe, Unglück im Spiel.«

Wenn der Krieg – Anspielung auf die nach dem ersten Weltkrieg verbreitete »Dolchstoßlegende«, daß das deutsche Heer nicht im Felde besiegt worden sei, sondern dadurch, daß die Kämpfe in der Heimat die deutsche Abwehrkraft geschwächt hätten. – Siehe auch Bd. 2, 154.

Schnurrbartbinde – Ein Netz, hinter den Ohren geknüpft, das den Schnurrbart in Form halten sollte.

15/114 *Difficile est, satiram non scribere* – Zit. nach Decimus Iunius Iuvenalis (Juvenal; gest. um 140 n. Chr.), *Saturarum Libri V* (dt.: *Satiren*; 1777): »Es ist schwer, keine Satire zu schreiben.«

Arbeit schändet nicht – Nach Hesiodos (Hesiod; 8./7. Jh. v. Chr.), *Erga kai hemerai* (dt.: *Werke und Tage*) V,309: »Arbeit bringt keine Schande.«

16/115 *avanti* – Aus dem Ital.; dt.: vorwärts.

Realschülerin – Realschulen gehörten in Österreich zu den achtklassigen höheren Schulen, Mittelschulen genannt; im Gegensatz zu den Gymnasien (mit Latein und Griechisch) und den Realgymnasien (mit Latein und einer lebenden Fremdsprache) lag bei den Realschulen der Schwerpunkt bei den Naturwissenschaften und Mathematik (neben zwei lebenden Fremdsprachen).

17/116 *Flor* – Seit dem 16. Jh. zum Zeichen der Trauer getragenes schwarz-seidenes Gewebe.

18/117 *in deinen Kopf hineinsehen* – Vgl. hierzu den Satz Dantons zu Julie: »Wir müßten uns die Schädeldecke aufbrechen und die Gedanken einander aus den Hirnfasern zerren« in *Dantons Tod* (1835) von Georg Büchner (1813-1837).

19/118 *Daumen runter!* – Wenn bei den Gladiatorenkämpfen in Rom der Imperator den Daumen nach unten hielt, gab er damit das Zeichen zur Hinrichtung jenes Gladiators, der den Kampf verloren hatte.

Ave Caesar – Siehe Bd. 13,174.

»In lauschiger Nacht« von Ziehrer – Walzerlied aus der Operette *Die Landstreicher* (1899) von Carl Michael Ziehrer (1843-1922) nach dem Text von Robert Krenn (1871-?) und Karl Lindau (1853-1934).

21/119 *Tücke des Objekts* – Geprägt von Friedrich Theodor Vischer (1807-1887) in seinem autobiographischen Roman *Auch einer. Eine Reisebekanntschaft* (1879): »Wer kann nur daran denken, wer auf die Vermutung kommen, wer so übermenschliche Vorsicht üben, solche Tücke des Objekts zu vermeiden!« (S. 19 f.)

21/120 *Le Tremblay* – Pferderennbahn in der Nähe von Paris.

−/120 *Außenseiter* – Ein Pferd, das im Rennen geringe Gewinnchancen hat, bei Wetten weniger beachtet wird und im Fall eines Sieges daher höheren Gewinn erzielt.

23/121 *schönen blauen Donau* – »An der schönen blauen Donau« ist der Kehrreim des Gedichtes *An der Donau* von Karl Beck (1817-1879); bekannt geworden durch den Walzer *An der schönen blauen Donau* von Johann Strauß (Sohn; 1835-1899), op. 314, mit dem Text von Josef Weyl (1821-1895), am 15. 2. 1867 in Wien uraufgeführt.

maßen – Veraltet für: weil.

Kassel in Preußen – Kassel war (1930) Hauptstadt der preußischen Provinz Hessen-Nassau; ca. 175 000 Einwohner.

da capo! – Aus der Musiksprache; für: wiederholen, noch einmal von Anfang an.

24/122 *Chimborasso* – Für: Das ist der Gipfel. Der Chimborasso ist mit 6310 m der höchste Berg der Kordilleren in Ecuador.

Es bleibt immer – Vgl. *Der ewige Spießer* (Band 12).

Schwippschwager – Umgangssprachl. für: Ehemann der Schwägerin oder Bruder des Schwagers oder der Schwägerin.

25/123 *Dessau* – Hauptstadt des Freistaates Anhalt, zugleich Kreisstadt; bedeutende Industriestadt mit Garnison; ca. 71 000 Einwohner (1925).

Burgtheater – Das Wiener »Theater nächst der Burg« war 1741 unter Kaiserin Maria Theresia (1717-1780) aus einem Ballhaus am Michaelerplatz umgebaut worden; 1776 übernahm Kaiser Joseph II. (1741-1790) das »Theater nächst der Burg« in die Verwaltung des Hofes und erklärte es zum »Hof- und Staatstheater«. Von 1888 an war das Burgtheater in einem von Karl Freiherr von Hasenauer (1833-1894) nach der Idee von Gottfried Semper (1803-1879) erbauten Haus am Ring untergebracht. Die Eröffnung des neuen Hauses fand am 14. 10. 1888 mit einem *Szenischen Prolog* von Joseph Weil (Ritter von Weilen; 1828-1889), Franz Grillparzers (1791-1872) Fragment *Esther* und Friedrich Schillers (1759-1805) *Wallensteins Lager* statt. Unter der Direktion von Heinrich Laube (1806-1884) von 1849 bis 1867 und Franz Freiherr von Dingelstedt (1814-1881) von 1871 bis 1881 wurde das Burgtheater zur führenden deutschsprachigen Schauspielbühne. Bis 1918 führte das Burgtheater den Namen »Hofburgtheater«. 1922 wurde dem Burgtheater auch das Akademietheater als Filialbühne angeschlossen. Auf Hermann Bahr (1863-1934), der das Burgtheater von 1918 bis 1921 leitete, folgten Anton Wildgans (1881-1932) in den Jahren 1921 bis 1922, Max Paulsen (1876-1956) in den Jahren 1922 und 1923, Franz Herterich (1877-1966) bis 1930 und dann wieder bis 1932 Anton Wildgans.

Siegeszug des Tonfilms – Als »Sieg auf der ganzen Linie« bezeichnete die Fachzeitschrift ›Der Film‹ die erste Vorführung des amerikanischen Tonfilms *Der singende Narr* (Originaltitel: *The Singing Fool*) aus dem Jahre 1928 mit Al Jolson (1883-1950) in der Hauptrolle am 10. 6. 1929 in Berlin. – Der Zusammenhang zwischen *Burgtheater* und *Tonfilm* ist gleichzeitig eine Anspielung Horváths auf die Tatsache, daß der Einakter *In Ewigkeit Amen* des österreichischen Dramatikers Anton Wildgans während seiner zweiten Amtsperiode als Direktor des Burgtheaters die Grundlage für einen der ersten österreichischen Tonfilme (1930) bildete.

»Wie eiskalt ist dies Händchen« – Arie aus Puccinis Oper *La Bohème*.

Bohème. [. . .] *Puccini!* – Die Oper *La Bohème* von Giacomo Puccini (1858-1924) wurde am 1. 2. 1896 im Teatro Regio in

Turin uraufgeführt. Der französische Maler und Schriftsteller Henri Murger (1822-1861) hatte seit 1845 Anekdoten und Skizzen, die im Pariser Künstlermilieu spielten, in der Zeitschrift ›Corsaire‹ veröffentlicht. 1849 schrieb Henri Murger zusammen mit dem Dramatiker Theodor Barrière (1823-1877) das Theaterstück *La vie de Bohème*, das am 22. 11. 1849 im Pariser Théâtre des Variétés uraufgeführt wurde; 1851 erschien der Roman *Scènes de la Bohème*, der die Grundlage für das Libretto von Luigi Illica (1857-1919) und Guiseppe Giacosa (1847-1906) zu Puccinis Oper bildeten.

Brüder Karamasow – »Roman in vier Büchern und einem Epilog« von Fedor M. Dostoevskij (1821-1881), erschienen 1879/80. Der Roman wurde mehrfach verfilmt: 1914 in Rußland, 1920 in Deutschland (mit Emil Jannings, Werner Krauß, Fritz Kortner u. a. unter der Regie von Carl Froelich), 1921 in Frankreich und 1931 nochmals in Deutschland.

rhythmische Gymnastik – In einem früheren Entwurf Horváths heißt es: *Sie mensendieckt, macht Übungen.* Die holl.-amerik. Gymnastikreformerin Bess M. Mensendieck (1864-1958) hatte Anfang des Jhs. »eine körperliche Erziehung geschaffen, die der Eigenart der Frau gerecht wird und den bisherigen Einfluß des Männerturnens bewußt ausscheidet. Durch reichhaltige Bewegungsübungen, in denen die Muskeln zu physiologisch richtiger Tätigkeit auch im Alltagsleben erzogen werden, erstrebt die Mensendieck-Gymnastik eine gründliche gesundheitl. und schönheitliche Körperdurchbildung. M. schrieb: *Körperkultur des Weibes* (1906), *Funktionelles Frauenturnen* (1923), *Bewegungsprobleme* (1927). Der 1926 gegr. ›Bund für Reine Mensendieck-Gymnastik‹ (Sitz Berlin) sorgt für Reinerhaltung und Verbreitung ihrer Arbeit. Deutsche Bundesschulen der Mensendieck-Gymnastik befinden sich in Berlin, Hamburg, Düsseldorf, Köln, Wiesbaden, Göttingen« (*Der Große Brockhaus*, Leipzig 1932, Bd. 12, S. 403).

27/125 *Seelenwanderung* – Der im Karman, dem Hauptglaubenssatz des Buddhismus verankerte Glaube, daß die Seele des Menschen nach dessen Tod seinem Verhalten entsprechend entweder in einem Menschen, einem Tier oder in einer Pflanze weiterlebe.

buddhistische Lebensphilosophie – Siehe *Zur schönen Aussicht*, Bd. 1,312.

Silentium! – Veraltete Aufforderung zum Schweigen.

29/126 *Hochzeitsmarsch* – Felix Mendelssohn-Bartholdy (1809-1847), *Musik zum Sommernachtstraum*, op. 61.

29/127 *Heil!* – Aus dem durch ›Turnvater‹ Friedrich Ludwig Jahn (1778-1852) bei den Turnern 1846 eingeführten Gruß »Gut Heil« wurde 1887 der Zuruf »Heil« beim Zutrinken österreichischer Studenten durch den Germanisten Th. von Grienberger gebräuchlich. Als Gruß und Parole diente »Heil« vor allem antisemitischen Gruppen in Österreich; so lautete das Motto der »Deutschnationalen Bewegung« Georg Ritter von Schönerers (1842-1921), durch die der junge Adolf Hitler stark beeinflußt wurde: »Ohne Jude, ohne Rom / wird erbaut Germaniens Dom! / Heil!« Nach dem ersten Weltkrieg wurde der Gruß »Heil« vor allem von völkischen Gruppierungen verwendet und von 1925 an war »Heil Hitler« der offizielle Gruß der Nationalsozialisten.

Rassenproblem – Vgl. hierzu das 11. Kapitel »Volk und Rasse« in *Mein Kampf* (München 1937, 277./280. Aufl.), in dem Hitler schreibt: »Der Mensch, der die Rassengesetze verkennt und mißachtet, bringt sich wirklich um das Glück, das ihm bestimmt erscheint. Er verhindert den Siegeszug der besten Rasse und damit auch die Vorbedingung zu allem menschlichen Fortschritt. Er begibt sich in der Folge, belastet mit der Empfindlichkeit des Menschen, ins Bereich des hilflosen Tieres« (S. 317).

31/128 *Jiu-Jitsu* – In wörtlicher Übersetzung »die sanfte Kunst« waffenloser Verteidigung; von der japanischen Kriegerkaste der Samurai ausgebaut und streng geheimgehalten, wurde Jiu-Jitsu erst nach dem Russisch-Japanischen Krieg (1904/05) außerhalb Japans bekannt. Der deutsche Reichsverband für Jiu-Jitsu hatte 1930 insgesamt 500 Mitglieder.

32/130 *Der Mensch denkt, und Gott lenkt* – Nach *Sprüche* 16,9: »Des Menschen Herz plant seinen Weg, der Herr jedoch lenkt seinen Schritt« findet sich in den Briefen des englischen Theologen Aleuin (735-804): »Homo cogitat, Deus indicat« und bei Thomas a Kempis (1379/80-1471) in *De imitatione Christi* (1470; dt.: *Die ware Nachfolgung Christi*, 1486): »Homo proponit, sed Deus disponit.«

33/130 *Hallodri* – In Bayern und Österreich für: leichtsinniger und stets zu Unfug aufgelegter Bursche.

Voyeur – Ein Mensch, der darauf aus ist, eine nackte Frau zu sehen oder einer Frau beim Auskleiden zuzusehen; in der Sexualwissenschaft Begriff für eine Person, die mehr durch den Anblick einer sexuellen Handlung als durch deren Ausübung erregt wird.

33/131 *Ohne Treu und Glauben* – Nach Isaias 33,8.

34/132 *Der sterbende Schwan* – Anspielung auf den Tanz *Der sterbende Schwan* nach der Musik von Camille Saint-Saëns (1835-1921) in der Choreographie des russischen Ballettmeisters Michail Fokin (1880-1942), durch den die russische Tänzerin Anna Pawlowa (1885-1931) Weltberühmtheit erlangte.

Auf der Alm – Nach dem oberbayerischen Jodlerlied *Auf da Alm, da gibts ka Sünd!*

35/133 *akademischer Wehrverband* – Vgl. Helge Zoitl, *Akademische Festkultur*: »Nicht erst seit den ›glorreichen Augusttagen von 1914‹ waren die deutschen Hochschulen in der österreichischen Reichshälfte der Habsburgermonarchie ein Hort der Deutschtümelei und des Hurrapatriotismus gewesen. Die Mehrzahl der deutschen Studierenden war ›völkisch‹, ein Teil war ›klerikal‹, ›Römlinge‹, wie sie von Deutschvölkischen verächtlich genannt wurden, der Rest der Studentenschaft war nichtdeutsch, d. h. dieser Kategorie war alles ›Undeutsche‹ zugeordnet: Juden, Freimaurer, Liberale, Sozialdemokraten, Internationalisten, Pazifisten, Slawen und Romanen, ›Welsche‹. [. . .] Die studentische Kriegsgeneration hatte sich nach dem gemeinsamen ›Schützengrabenerlebnis‹, das mit verklärenden Metaphern zum ›feurigen Kern der Geschichte‹, zum ›Ver sacrum‹, zum alles reinigenden ›Stahlbad‹ umgedeutet wurde, in dem eine Sehnsucht nach Verwischung von Standesunterschieden, nach dieser idealtypischen Konstruktion von ›Volk‹ und ›Volksgemeinschaft‹ scheinbar verwirklicht worden war, zusammengefunden. [. . .] Eine Wendung trat an den hohen Schulen mit dem immer stärker werdenden Zustrom von Studierenden zur nationalsozialistisch orientierten Gruppe der ›Völkisch-Sozialen‹ ein, aus der der österreichische Ableger des ›Nationalsozialistischen Deutschen Studentenbundes (NSDStB) hervorging. Die völkische Gruppe wurde nahezu halbiert, der ursprünglich eher weit gesteckte ideologische Rahmen wurde nun von den unmißverständlichen nationalsozialistischen Forderungen ausgefüllt. Nun war das Hakenkreuz nicht mehr Zeichen einer ›Gesinnung‹, sondern ›Parteiabzeichen‹« (in: Franz Kadrnoska [Hg.], *Aufbruch und Untergang. Österreichische Kultur zwischen 1918 und 1938,* Wien–München–Zürich 1981, S. 167-204; hier: S 167 u. 169). Helge Zoitl weist auch (S. 170) auf die Publikation *Rassesieg in Wien, der Grenzfeste des Reiches* (Wien 1939) von Robert Körber hin, in der es (auf S. 227) hieß: »Mitten in dieser rassenchaotischen roten und jüdischen Wüste im Staat und an den Hochschulen stand in der Ostmark seit 1920 die blutbewußte, großdeutsch gesinnte akademische Jugend. Durch das schon 1923 gegründete ›Kulturamt‹ und das 1924

errichtete ›Institut zur Pflege deutschen Wissens‹ predigte sie
von deutschem Blutgefühl und nordischer Rassenseele, von
Staatserneuerung und Volkseinheit, vom Zusammenschluß
aller Deutschen im Großdeutschen Reich.« – Siehe auch das
Kapitel *Kriegserlebnis und Wehrgedanke* in: Kurt Sonthei-
mer, *Antidemokratisches Denken in der Weimarer Republik. Die Ideen des deutschen Nationalismus zwischen 1918
und 1933*, München ²1983, S. 107 ff.

molestiere – Veralteter Ausdruck für: belästigen.

Jus – In Österreich gebräuchlicher Ausdruck für: Jura, die
Rechte studieren.

36/133 *Syndikus* – Nach dem griech. syndikos für: Sachwalter; nach
erfolgtem Abschluß des jurist. Studiums war eine Tätigkeit
in der Privatwirtschaft (Industrie, Großhandel, Versiche-
rungswesen) als Rechtsberater oder Sachbearbeiter (Syndikus) möglich. – Siehe auch Erl. zu S. 51/161.

süßen Wiener Maderln – Der Begriff des »süßen Wiener
Mädels« ist durch Arthur Schnitzlers (1862-1931) Szene
Weihnachtseinkäufe (1891) innerhalb des Einakterzyklus
Anatol bekannt geworden: »Sie ist nicht faszinierend schön
– sie ist nicht besonders elegant – und sie ist durchaus nicht
geistreich. [. . .] Aber sie hat die weiche Anmut eines Früh-
lingsabends . . . und die Grazie einer verzauberten Prinzes-
sin . . . und den Geist eines Mädchens, das zu lieben weiß!«
(Arthur Schnitzler, *Das dramatische Werk*, Bd. 1, S. 46 f.,
Frankfurt/Main ³1983)

37/135 *Frühlingsstimmen-Walzer* – Der Walzer *Frühlingsstimmen*
(1881) von Johann Strauß (Sohn; 1825-1899), op. 410.

38/136 *kein Kirchenlicht* – Nach Georg Büchmann (*Geflügelte
Worte. Der Zitatenschatz des deutschen Volkes*, Berlin
³³1981) bezeichnete der lutherische Prediger Johannes Ma-
thesius (1504-1565) die Wittenberger Theologen als »Kir-

chenlichter«; in den anonymen *Epistolae obscurorum viro-*
rum ad venerabilem virum Magistrum Ortvinum Gratium
Daventriensem (dt.: *Briefe von den Dunkelmännern an Ma-*
gister Ortwin Gratius aus Devanter, 1876) wurde Jakob van
Hochstraten als »lux theologorum« verspottet.

39/137 *bengalisches Licht* – Feuerwerksätze, die auf Grund ihrer
chemischen Zusammensetzung rot, gelb, grün oder weiß
leuchten.

40/138 *Badhur* – In den Bädern des Mittelalters, oft getarnte Bor-
delle, waren die Bademägde Prostituierte für männliche und
weibliche Gäste des Badhauses. Vgl. hierzu den Vers aus dem
15. Jh.: »Der Bader und sein Gesind, / Gern Hurn und Buben
sind!«

bricht der Sklave – Nach dem Gedicht *Die Worte des Glau-*
bens (1797) von Friedrich Schiller (1759-1805): »Vor dem
Sklaven, wenn er die Kette bricht, / Vor dem freien Menschen erzittert nicht!«

verhunzen – Abgel. von: Hund; wie einen Hund (schlecht)
behandeln.

48/140 *Mädchen für alles* – In der 2. Hälfte des 19. Jhs. in Berlin
geprägter Ausdruck für eine Haushaltshilfe.

Casanova – Giacomo Casanova de Seintgalt (1725-1798)
wurde durch die Schilderungen in seiner Autobiographie
Histoire de ma vie (dt.: Geschichte meines Lebens) zum
Inbegriff des Frauenhelden.

50/142 *Weib ist ein Rätsel.* [. . .] *Eine Sphinx* – Die von Horváth
mehrmals verwendete Charakterisierung der Frau als *Rätsel*
und als *Sphinx* hat ihre Vorbilder u. a. in der Erzählung *The*
Sphinx without a Secret (1887; dt.: *Die Sphinx ohne Geheim-*
nis) von Oscar Wilde (1854-1900) und in Darstellungen von

Franz von Stuck (1863-1928), dem Mitbegründer der Münchner Sezession, und Ferdinand von Rezniceks (1868-1909), einem der Hauptmitarbeiter der Münchner ›Jugend‹ und des ›Simplicissimus‹. – Siehe auch Bd. 1, 296.

–/143 *achtzehnten Bezirk* – Gemeint ist der 18. Wiener Gemeindebezirk, benannt nach dem ehemaligen Vorort »Währing«, seit 1891 mit den Ortschaften Gersthof, Neustift am Walde, Pötzleinsdorf, Salmannsdorf und Weinhaus zusammengeschlossen.

Buchmacher – Seit dem 8. 4. 1922 war, nach englischem Vorbild, auch auf deutschen Rennplätzen staatlich konzessionierten Buchmachern erlaubt, Wetten auf die im Rennen teilnehmenden Pferde abzuschließen. Die Konzessionierung von Buchmachern erfolgte jedoch nur auf ein Jahr und auf Widerruf.

verschleiß – Verschleißen ist ein in Österreich noch gebräuchlicher Ausdruck für: verkaufen, vertreiben.

–/144 *Kosmetik-Agent* – Vertreter für kosmetische Artikel.

–/145 *hunderperzentig* – In Österreich noch gebräuchlich für: -prozentig.

–/147 *zweiten Bezirk* – Gemeint ist der 2. Wiener Gemeindebezirk, benannt nach der ehem. Siedlung »Leopoldstadt«, die ihren Namen nach der von Kaiser Leopold I. (1640-1705) erbauten, dem hl. Leopold geweihten, Kirche erhielt.

Cherchez la femme! – Erstmals bei Alexandre Dumas Père (1802-1870) in dem Drama *Les Mohicans de Paris* (1864) als Schlagwort eines Pariser Polizisten.

Wenn die Lieb erwacht . . . – Dt. Sprichwort nach dem drastischen englischen: »A stiff prick has no conscience« (dt.: Wenn einem der Schwanz steht, ist der Verstand am Arsch).

Märchen von Andersen – Hans Christian Andersen (1805-1875), *Der unartige Knabe*, in: H. Chr. Andersen, *Märchen.* Erster Band. Aus dem Dänischen von Eva-Maria Blühm, Frankfurt/Main 1975, S. 91-93.

–/147 *busieren* – Nach dem frz. pousser (dt. stoßen) in der Wiener Umgangssprache: drängen, nötigen.

–/148 *Hörigkeit* – Der Begriff für die Form sexueller Abhängigkeit eines oder beider Partner voneinander wurde 1892 von Richard Freiherr von Krafft-Ebing (1840-1902) geprägt und von Sigmund Freud (1856-1939) in der Abhandlung *Das Tabu der Virginität* (1918) aufgegriffen.

stante pede – Der lat. Rechtssprache entlehnter Begriff für den sofortigen Einspruch gegen ein Urteil nach dessen Verkündung.

für die Katz! – Nach einer Fabel (im *Esopus*, 1548) des Dichters Burkard Waldis (1490-1556) für: Speisereste für die Katze; in übertragenem Sinn: nichts wert.

Pech muß der Mensch haben – Umkehrung der Redewendung: »Glück muß der Mensch haben.«

Donna – Ital.: Frau, Fräulein; hier ein versteckter Hinweis auf Hierlingers »Bildung«: in Giuseppe Verdis (1813-1908) Oper *Rigoletto* (1851) heißt es: »Donna è mobile . . .« (dt. Fassung: »Ach, wie so trügerisch sind Weiberherzen . . .«).

–/149 *Bosniaken* – Bewohner Bosniens und der Herzegowina.

wegsperren – Horváths Quelle war die *Illustrierte Sittengeschichte vom Mittelalter bis zur Gegenwart* von Ernst Fuchs (München 1909 ff.): »Zweifelsohne ist der Keuschheitsgürtel nicht das einzige Schutzmittel gewesen, dessen man sich damals gegen die Untreue beim Weibe bediente. In den unteren Volksschichten dürften wohl ähnliche Methoden in Gebrauch gewesen sein, wie man sie heute noch in den Balkanstaaten findet und deren Fr. S. Krauss, der beste Kenner der Sitten dieses Landes, in seiner Anthropohyteia mehrere schreibt« (Bd. 1, S. 334). Der Ethnologe Friedrich S(alomo) Krauss (1859-1938), der »auf Grund seiner immensen Sprachkenntnisse, seiner Beherrschung der verschiedensten Idiome wie kein anderer die geeigneten Voraussetzungen für eine erfolgreiche Erschließung der Volksseele aufzuweisen vermochte, hat in jahrzehntelanger Kundschaftertätigkeit das einschlägige Material gesammelt und außer in zahlreichen Spezialstudien vor allem, in Gemeinschaft mit anderen Folkloristen, in den Jahrbüchern *Anthropohyteia* niedergelegt. Auf sie muß man zurückgreifen, um sich ein klares Bild von dem Privatleben der Südslawen zu machen« (Dr. Paul Englisch, *Sittengeschichte Europas*, Berlin 1931, S. 419).

auf Rosen gebettet. – Im römischen Altertum wurden die Plätze der Teilnehmer an einem Festmahl mit Rosen bestreut; davon abgeleitet: »nicht auf Rosen gebettet« für: arm sein, arbeiten müssen.

–/150 *Dornen und Brennesseln* – Nach Genesis 3,18: »Dornen und Gestrüpp [in früheren Übersetzungen auch: Disteln] soll er dir sprießen, und Kraut des Feldes sollst du essen!«

Hiob – Das *Buch Hiob* (Job) im *Alten Testament* schildert die Geschichte des wohlhabenden und frommen Hiob (Job), der nach zahlreichen Prüfungen und geduldigem Leiden belohnt wird und alles Verlorene doppelt zurück erhält.

Geliebte mit Beruf unterhöhlt – Zitat nach August Bebel (1840-1913), *Die Frau und der Sozialismus* (1879): »Die angeführten Tatsachen zeigen, daß die Frau durch die moderne Entwicklung mehr und mehr dem Familienleben und der Häuslichkeit entrissen wird. Ehe und Familie werden untergraben und aufgelöst« (S. 260).

Kampf gegen die berufstätige Frau – Anspielung auf die
Enzyklika *Quadragesimo anno* (dt.: Im 40. Jahre), die von
Papst Pius XI. (1922-1939; eigtl. Achilli Ratti, 1857-1939) am
15. 5. 1931 zur Erinnerung an die Enzyklika von Papst Leo
XIII. (1878-1903; eigtl. Gioacchino Pecci, 1810-1903) *Rerum
Novarum* (dt.: Der neuen Dinge) vom 15. 5. 1891 verkündet
worden war. Beide Rundschreiben behandelten soziale Fra-
gen der katholischen Kirche vor dem Hintergrund von Ka-
pitalismus und Sozialismus. In *Quadragesimo anno* hieß es:
»Familienmütter sollen in ihrer Häuslichkeit und dem, was
dazu gehört, ihr hauptsächliches Arbeitsfeld finden in Erfül-
lung ihrer hausfraulichen Obliegenheiten. Daß dagegen
Hausfrauen und Mütter wegen Unzulänglichkeit des väter-
lichen Arbeitsverdienstes zum Schaden ihres häuslichen
Pflichtenkreises und besonders der Kindererziehung außer-
häuslicher Erwerbsarbeit nachzugehen genötigt sind, ist ein
schändlicher Mißbrauch, der, koste es, was es wolle, verschwinden muß« (zit. nach: *Texte zur katholischen Sozial-
lehre. Die sozialen Rundschreiben der Päpste und andere
kirchliche Dokumente mit einer Einführung von Oswald
Nell-Breuning SJ*, hg. v. Bundesverband der Katholischen
Arbeitnehmer-Bewegung Deutschlands, Kevelaer ⁴1977,
S. 117).

Ballette – Horváth nimmt Bezug auf die Untersuchungs-
ergebnisse der vom Völkerbund im März 1923 eingesetzten
Kommission zur Bekämpfung des Mädchenhandels unter
Leitung von Robert Cecil Lord of Chelwood (1864-1958):
»Vier Jahre lang haben die acht Mitglieder achtundzwanzig
europäische und amerikanische Länder bereist, um dann das
Ergebnis ihrer Erhebungen vorzulegen [. . .]. Die deutsche
Zentralverwaltung gab zur Kenntnis, daß der Direktor einer
Artistengruppe nur zu inserieren brauchte, um mehr Mädchen zu finden, als er nötig hatte. Die meisten jungen Mäd-
chen verlieren den Kopf, wenn sie Gelegenheit finden, in
einer Truppe von Schauspielern, Filmkünstlern, Variétéleu-
ten oder Boxerinnen aufzutreten, und die Eltern haben den

naiven Glauben, daß ihre Töchter Stars werden können und geben ihnen daher ihre Zustimmung. Allein nur zu bald reißt der schöne Wahn entzwei. So wurde z. B. eine Truppe von 10 Minderjährigen nach Athen geführt, um dort in einem Nachtcafé zu tanzen und zu singen. Sieben von ihnen kamen in einem jämmerlichen Zustand zurück. Die minimale Gage, die sie erhielten, reichte nicht einmal für die notwendigsten Lebensbedürfnisse. Wohl oder übel mußten sie der Aufforderung, die Männer zum Trinken zu animieren, nachkommen. Die Leiterin ließ sie zugegen sein, wenn sie mit den Gästen sich als Objekt unzüchtiger Betätigungen gebrauchen ließ.« (Dr. Paul Englisch, *Sittengeschichte des Orients*, Berlin–Wien 1932, S. 358)

–/151 *leg den Schwarzen* [. . .] *aus* – Der *Schwarze* ist in Österreich unter den verschiedenen Kaffeesorten (Brauner, Verlängerter, Ein- und Zweispänner etc.) ein Kaffee ohne Milch; *auslegen* im Sinne von: (vorerst) bezahlen.

Ich habe verloren – Nach dem Sprichwort: »Glück im Spiel, Unglück in der Liebe.«

Amulett – Kleiner Anhänger, der seinem Träger Schutz und Kraft verleihen soll; eine Art Talisman.

heiliger Antonius – Der Kirchenlehrer Antonius von Padua (1195-1231) gilt u. a. als Schutzheiliger der Ehe und für das Wiederfinden verlorener Dinge. – Vgl. Gustl Schneider-Emhardt. *Erinnerungen an Ödön von Horváths Jugendzeit*: »Ich kannte ihn und seinen Bruder nicht anders als mit dem Heiligen Antonius an einer feinen goldenen Kette um den Hals. Ödön war zwar kein Kirchgänger, aber er suchte bei den Heiligen einen naiven Schutz und schämte sich nie seines ›Aberglaubens‹« (Horváth Blätter 1/83, S. 66).

–/152 *Spinett* – Klavierinstrument mit Klangsaiten, die im Gegensatz zum sog. Hammerklavier nicht mit einem Hammer angeschlagen, sondern mit einem Federkiel angerissen werden.

Komteß – Titel für eine unverheiratete Gräfin.

avisiert – Frz., in Österr. immer noch gebräuchlich für: angekündigt.

exorbitant – Nach dem lat. Wort für: außergewöhnlich.

handlesen – Vgl. hierzu *Sladek*, Bd. 2,88 f., *Kasimir und Karoline* (Band 5) und *Der ewige Spießer* (Band 12).

–/154 *Lied von der Wachau – Da draußen in der Wachau* von Ernst Arnold (1892-1962) mit dem Text von Erwin Weill.

–/156 *Kasern* – Für: Mietskaserne.

–/158 *schlampert* – Österr. Mundart für: schlampig, nachlässig.

alle Hebel – Dt. Redensart nach Ciceros (106-43 v. Chr.) »omnes adhibere machines« (dt.: alle Maschinen heranziehen).

–/159 *Nach Frankreich.* – Während der Weltwirtschaftskrise, ausgelöst durch den Zusammenbruch der Aktienkurse an der New Yorker Börse am 29. 10. 1929 (»Schwarzer Freitag«), war für die Dritte Französische Republik (1870-1940) das Jahr 1929, im Gegensatz zu den USA und den anderen europäischen Staaten, ein Glanzjahr: Überschüsse in der Staatskasse, volle Währungsdeckung durch Gold, der Produktionsindex der Industrie auf dem Höchststand von 144 Punkten, die Arbeitslosenzahl 812 – eine Folge der Wirtschaftspolitik des Ministerpräsidenten Raymond Poincaré (1860-1934), deren Wirkung bis 1930 bemerkbar blieb. Während die USA, Großbritannien und Deutschland durch schwere Wirtschaftskrisen erschüttert wurden, waren zwar auch in Frankreich die Produktionsziffern rückläufig, die Umsätze sanken um (minimale) drei Prozent. Gegenüber 4 357 000 Arbeitslosen in Deutschland und 243 000 in Österreich, betrug die Arbeitslosenziffer in Frankreich 11 952 (Stand: Dezember 1930).

51/161 *Referendar* – Die damalige Studienordnung für Juristen sah mindestens sieben (in Bayern: acht) Semester Studium vor, das durch die erste Staatsprüfung (Referendarsprüfung) abgeschlossen wurde. Danach war die Promotion zum Dr. jur. möglich. Nach Ernennung zum Referendar erfolgte eine dreijährige praktische Ausbildung, die durch die zweite Staatsprüfung (Assessorprüfung) abgeschlossen wurde.

61/162 *Sarajewo* – Seit 1851 Landeshauptstadt Bosniens, das 1878 unter österr.-ungar. Verwaltung kam. Die Ermordung des österr.-ungar. Thronfolgers Franz Ferdinand d'Este (geb. 1863) und seiner Frau Sophie Gräfin Chotek, Herzogin von Hohenberg (geb. 1867) am 28. 6. 1914 in Sarajevo durch serbische Nationalisten galt als auslösendes Ereignis für den 1. Weltkrieg. – Siehe auch Bd. 12.

Bosnien – Herzogowina – Die osmanischen Provinzen Bosnien und Herzogowina waren (durch den Vertrag vom 13. 7. 1878) unter österr.-ungar. Verwaltung gelangt und am 7. 10. 1908 annektiert worden. Die dadurch ausgelöste internationale Krise konnte 1909 zwar beigelegt werden, doch wurde dieses Gebiet in steigendem Maß zu einem Unruheherd serbischer Nationalisten.

Fauxpas – Nach dem frz. Begriff für: Fehltritt, Taktlosigkeit.

Lapsus linguae – Nach dem lat. Begriff für: Sprechfehler.

62/162 *Satisfaktionsfähig* – Im studentischen Sprachgebrauch die Fähigkeit, dem Beleidigten Genugtuung (lt.: satisfactio) mit der Waffe zu leisten.

62/163 *Hohenzollern* – Deutsche Herrscherdynastie (1415-1918), benannt nach der Stammburg Zollern bei Hechingen, am Nordrand der schwäbischen Alb; die deutsche Kaiserwürde errangen die Hohenzollern 1871 unter Wilhelm I. (1797-1888).

Habsburger – Europäische Königs- und Kaiserdynastie (1273-1918), benannt nach der Stammburg Habichtsburg (= Habsburg) bei Brugg im Kanton Aargau; die deutsche Kaiserwürde errangen die Habsburger 1452 unter Friedrich III. (1415-1493), dessen Wahlspruch, den er auf allen von ihm errichteten Bauten anbringen ließ, »A.E.I.O.U.« lautete: Austriae est imperare orbi universo (dt.: Es ist Österreichs Bestimmung, die Welt zu beherrschen), oft auch gedeutet als Abkürzung für: Austria erit in orbe ultima (dt.: Österreich wird bis ans Ende der Welt bestehen) bzw. für: Alles Erdreich ist Österreich untertan.

römisch-deutsche Kaiser – Seit Friedrich III. (1415-1493) wurde das Deutsche Reich als Erbe des römischen Kaiserreichs angesehen und als das Heilige Römische Reich Deutscher Nation bezeichnet.

54/163 *Memphis* – Bezeichnung einer Zigaretten-Sorte.

55/164 *Wer unter euch . . .* – Nach Johannes 8,7: »Wer von euch ohne Sünde ist, werfe als erster einen Stein auf sie.«

55/165 *Nancy* – Hauptstadt des frz. Departement Meurthe-et-Moselle, 114 490 Einw. (1926) mit vielseitiger Industrie.

56/– *Der Mohr hat seine Schuldigkeit getan* – Nach *Die Verschwörung des Fiesco zu Genua* (1783) von Friedrich Schiller: »Der Mohr hat seine Arbeit getan. Der Mohr kann gehen!« (III,4)

56/165 *stolz wie ein Spanier* – Nach *Don Carlos* (1787) von Friedrich Schiller: »Stolz will ich / Den Spanier« (III,10).

Hochmut kommt vor dem Fall – Nach Salomos *Buch der Sprüche* 16,18: »Stolz kommt vor dem Sturz und Hochmut vor dem Fall.«

57/165 *Gottes Mühlen* – Friedrich von Logau (1604-1655), *Göttliche Rache*: »Gottes Mühlen mahlen langsam, mahlen aber trefflich klein« folgt einer Übersetzung des Sextus Empiricus (um 180 n. Chr.), *Adversus mathematicos*, wo es heißt: »Spät erst mahlen die Mühlen der Götter, doch mahlen sie Feinmehl.«

57/166 *wen Gott liebt* – Nach Salomos *Buch der Sprüche* 3,12: »Denn wen der Herr in Liebe hegt, den züchtigt er«, in anderen Übersetzungen auch: »Denn welchen der Herr liebt, den straft er«; auch zit. in dem Brief des Apostels Paulus an die Hebräer 12,6: »Denn wen der Herr lieb hat, den züchtigt er.«

42/167 *Stephansdom* – Eines der Wahrzeichen Wiens, zugleich das bedeutendste Bauwerk der Hoch- und Spätgotik Österreichs mit dem dritthöchsten (136,7 m) Kirchturm der Welt. Nachdem die Babenberger um 1135 die Stadtherrschaft über Wien erlangt hatten, wurde 1137 mit dem Bau einer neuen Pfarrkirche begonnen, die 1147 dem heiligen Stephan geweiht wurde.

44/– *Oskar Wilde* – Oscar Wilde (1856-1900), engl. Dichter, dessen Werke, vor allem *Das Bildnis des Dorian Gray*, zu Horváths Lieblingslektüre zählten (Gustl Schneider-Emhardt, *Erinnerungen an Ödön von Horváths Jugendzeit*, Horváth Blätter 1/83, S. 65).

45/167 *Fleischeslust* – Nach dem Brief des Apostels Paulus an die Galater »sind die Werke des Fleisches: Unzucht, Unlauterkeit, Ausschweifung« (5,19), und »die solches treiben, werden das Reich Gottes nicht erben« (5,21).

45/167 *Sakrament der Ehe* – Nach der Lehre der katholischen Kirche vermehren die Sakramente die heiligmachende Gnade. Seit dem 12. Jh. gab es sieben Sakramente: Taufe, Firmung, Altarsakrament, Buße, Letzte Ölung und Ehe.

Todsünde – Nach der Lehre der katholischen Kirche hat die Todsünde (lat.: Peccatum mortale oder Peccatum grave) drei Merkmale: Versündigung in einer wichtigen Angelegenheit, volle Erkenntnis der Sündhaftigkeit sowie völlige Einwilligung. Die Todsünde zieht den Verlust des Gnadenstandes nach sich; sie wird nachgelassen durch das Bußsakrament. – Ein Zusammenleben, ohne das Sakrament der Ehe empfangen zu haben, bedeutet in der katholischen Lehre eine Todsünde.

46/168 *bereust du* – Wahre Reue und Buße sind in der Lehre der katholischen Kirche Voraussetzung für den Nachlaß einer Todsünde.

47/169 *Was hast du mit mir vor, lieber Gott* – Textparallele zu *Rund um den Kongreß* (Bd. 1,251).

Bürgerschul – In Österreich schloß sich an die vierklassige Volksschule die vierklassige Bürgerschule an, die durch Gesetz vom 2. 8. 1927 von der Hauptschule (mit Fachlehrersystem) abgelöst wurde. Die Bürger- bzw. Hauptschulen wurden in zwei Klassenzügen für Hohe- und Durchschnittsbegabte geführt. Umgangsspr. wurde der Begriff ›Bürgerschule‹ in Österreich noch bis nach dem 2. Weltkrieg gebraucht.

58/170 *Beim Heurigen* – »Heuriger« ist eigentl. die Bezeichnung für Most und jungen Wein der letzten Ernte bis zur neuen Lese; auch gebraucht für das Lokal, in dem der Heurige ausgeschenkt wird. »Der Raum ist klein, mehr Stube als Wirtshaus«, beschrieb Anton Kuh (1891-1941) den ›wahren‹ Heurigen. »Der Wirt macht den Kellner. Tische und Bänke sind

nicht erst auf Einfachheit präpariert, oft müssen die Sitzge-
legenheiten aus der Wohnung geschleppt werden; wird im
Freien ausgeschenkt, so umsäumen dich in der Regel ein
trauliches, zwischen Obstbäumen, Stall und Berghang einge-
klemmtes Idyll« (Anton Kuh, *Zeitgeist im Literatur-Café.
Feuilletons, Essays und Publizistik. Neue Sammlung*, hg. von
Ulrike Lehner, Wien 1983, S. 74 f.).

Schrammelmusik – Volkstümliche Wiener Musik (zwei Gei-
ger, Gitarre und Ziehharmonika), benannt nach dem Wiener
Musiker Johann Schrammel (1850-1893) und seinem Bruder
Josef Schrammel (1852-1895), die 1877 das Quartett die
»Schrammeln« gründeten.

Es wird ein Wein sein – Refrain des Liedes *'s wird schöne
Maderln geb'n* (1914) von Ludwig Gruber (1874-1964), op.
394, nach dem Text von Josef Hornig.

Drum gehn wir gern . . . – *Wir gengan heut' nach Nußdorf
h'naus*, Marschcouplet des Wiener Volkssängers Carl Lorens (1851-1909).

–/171 *Radetzkymarsch* – Nach dem populären österr. Feldmar-
schall Joseph Radetzky (Graf Radetzky von Radetz; 1766-
1858) benannter Marsch von Joseph Strauß (Vater; 1804-
1849), op. 228.

59/171 *Putten* – Busen; eigentl. nach dem ital. putti: Kinder, Kna-
ben; meist leicht bekleidete oder nackte Kindergestalten in
der bildenden Kunst.

–/171 *Heut kann mich* – Nach dem Ausspruch Götz von Berli-
chingens in der Urfassung von *Geschichte Gottfriedens von
Berlichingen mit der eisernen Hand* von Johann Wolfgang
von Goethe: »Er aber, sags ihm, er kann mich im Arsch
lecken«.

59/–   *Salamander* – Seit 1830 unter den Studenten üblicher Brauch, eine Persönlichkeit zu ehren: die gefüllten Gläser werden auf ein Kommando hin auf dem Tisch gerieben, dann ausgetrunken und – nachdem man mit den leeren Gläsern auf der Tischplatte getrommelt hat – alle mit einem Schlag niedergesetzt.

59/171   *Waserl* – Österr. umgangssprachl.: allzu bescheidener unbeholfener Mensch; abgeleitet von: Waise.

Ach, ich hab – Aus der Operette *Der Bettelstudent* (1882) von Carl Millöcker (1842-1899) mit den Texten von F. Zell (d. i. Camillo Welzel, 1829-1895) und Richard Genée (1824-1895).

Der Ober – Urspr. bei Horváth *Salamuccimann*; nach Mauriz Schuster (*Alt-Wienerisch. Ein Wörterbuch veraltender und veralteter Wiener Ausdrücke und Redensarten*, Wien ²1985, S. 133 f.) »eine seit dem ersten Weltkrieg aus Wien verschwundene, einst überaus volkstümliche Gestalt. Der Salamudschi war ein meist aus dem Trienter Gebiet (also aus dem italienischen Teil Südtirols der ehem. Habsburgermonarchie) stammender Italiener, der in den Gasthäusern [. . .] Salami und Käse bester Sorte feilbot. Mit seinem mächtigen, breitkrämpigen Schlapphut (›Kalabreser‹), seinem meist schwarzblauen Samtrock und seiner gewaltigen Künstlerkrawatte machte er einen malerischen Eindruck. Stets bester Laune und voll geschäftiger Beflissenheit schnitt und reichte er seine verlockend geordneten Waren, die er mit einem weithin vernehmlichen Rufe ›Salamini, Geß, Geß, duri-duri!‹ (Salamiwürste, Käse, Käse, harte, harte) ankündigte; unter ›duri‹ waren die in Wien sehr beliebten harten (it. duro ›hart‹, Mz. duri) ungarischen Salamiwürste – im Ggs. zur weicheren it. Veroneser Salami zu verstehen. Geradezu Staunen erregte seine Kunst, die Wurstscheiben in beschwingter Eile derart dünn zu schneiden, daß er mit zehn Dekagramm Salami eine große Schüssel voll zu belegen imstande war;

dabei wußte er sich der Waage nicht ohne Raffinement zu bedienen«.

60/– *Häusl* – Österr. Umgangssprache für: Toilette, Klosett.

61/173 *Hofburg* – Frühere Residenz der österr. Kaiser in Wiens Innenstadt; vom 13. bis zum 20. Jh. in acht Bauphasen entstanden. Durch seine zahlreichen Schauräume und Museen ein Anziehungspunkt für Touristen.

62/174 *Sing-Sing* – Amerikanisches Staatsgefängnis nördl. von New York, nahe der Stadt Ossining (früher: Sing Sing).

63/175 *Mariazell* – Erster Wallfahrtsort (seit 1363) Österreichs, im Bezirk Bruck an der Mur in der Steiermark; ca 2000 Einw. (1930).

63/175 *Mein Muatterl* – Refrain eines Wiener Liedes aus dem Jahr 1908 von Ludwig Gruber (1874-1964); die originale Schreibweise lautet: »Mei Mutterl war a Wienerin, / drum hab i Wien so gern, / sie war's, die mit'n Leb'n / mir die Liebe hat geb'n / zu mein einzigen, goldenen Wean!«

Wien, Wien, nur du allein – Refrain des Liedes *Wien, du Stadt meiner Träume* (1914), op. 1, von Dr. Rudolf Sieczyński (1879-1952).

64/176 *Mir ist mei Alte gstorbn* – Eigentl. *Heut' is mei Alte g'storb'n*; Polka nach einer Volksweise von Josef Herzoger.

65/176 *Plafond* – Nach dem Frz., in Österreich gebräuchlicher Ausdruck für: Zimmerdecke.

Maxim – Da geh' ich ins Maxim war eines der populärsten Lieder aus Franz Léhars (1870-1948) Operette *Die lustige Witwe* (1905) von Victor Léon (eigentl. Viktor Hirschfeld; 1858-1940) und Leo Stein (1861-1920) nach der Komödie *Der Gesandtschaftsattaché* von Henri Meilhac (1831-1897).

65/177   *Vindobona, du herrliche Stadt* – Walzerlied von Carl Schmitter (1849-1897) mit der Musik von Josef Schrammel (1852-1895).

Die Mizzi und der Jean – Populäres Wiener Lied.

66/177   *Jetzt trink ma* – Wiener Lied von Carl Lorens (1851-1909).

Separées – Separée ist eigentl. die abgekürzte Form des frz. chambre separée für den Sonderraum innerhalb eines Restaurants zu Beginn des 19. Jhs. in Paris für Paare, die alleine »soupieren« wollten; in Nachtlokalen oftmals kleine Nischen bzw. Logen, die durch Vorhänge vor den Blicken anderer Gäste geschützt werden konnten.

66/–   *Schönbrunn* – Eines der hist. Wahrzeichen Wiens; im 13. Gemeindebezirk gelegenes ehem. Lustschloß, das an Stelle eines Jagdschlosses 1695 für Kaiser Joseph I. (1678-1711) von Fischer von Erlach (1656-1723) begonnen und unter Maria Theresia (1717-1780) von Nikolaus Freiherr von Pacassi (1716-1791) in den Jahren von 1744 bis 1750 vollendet wurde.

–/178   *Wiener Blut* – Walzer von Johann Strauß (Sohn; 1825-1899), op. 354 (1870).

66/178   *Hoch- und Deutschmeistermarsch* – Eigentl. *Deutschmeister-Regiments-Marsch* von Dominik Ertl (1857-1911), op. 41, mit dem Refrain: »Mir san vom Ka und Ka Infantrie-Regiment / Hoch und Deutschmeister numero vier!«

67/178   *Menschen mit der Tierwelt* – Nach der Abstammungslehre (Deszendenzlehre) des französischen Naturforschers Jean-Baptiste de Monet de Lamarck (1744-1829) haben sich alle Lebewesen aus einer gemeinsamen Urform herausgebildet und entwickelt; eine Lehre, die in der Selektionstheorie des englischen Naturforschers Charles Darwin (1809-1882)

Fortsetzung und Verbreitung fand. – Vgl. hierzu auch *Ein Kind unserer Zeit* (Band 14).

–/179 *auf den Hut steigen* – Österr. Umgangssprache für: du kannst mich gern haben.

68/179 *Kruzitürken* – Fluch, gebildet aus »Kuruzzen«, den Todfeinden Habsburgs, und aus »Türken«, die 1683 gemeinsam Wien belagerten.

69/180 *Saturn als Planeten* – In der Astrologie wird allen Planeten grundsätzlicher Einfluß auf das Geschehen zugesprochen. So bedeutet Saturn »Großes Unglück«, Mars »Kleines Unglück«, Jupiter »Großes Glück« und Venus »Kleines Glück«.

Aktplastiken – Ursprünglich in Varietés als »Tableaux vivants« (dt.: Lebende Bilder) getarnte, meist klassischen Gemälden nachgestellte Gruppen nackter Frauen unter Betonung der erotisierenden Wirkung.

»An der schönen blauen Donau« – Walzer von Johann Strauß (Sohn; 1825-1899).

69/181 *Zeppelin* – Nach dem Konstrukteur Ferdinand Graf von Zeppelin (1838-1917) benanntes Luftschiff, das sich seit dem Start des LZ 1 am 2. 7. 1900 zum »Stolz der Deutschen« entwickelte. Nach der Zerstörung des Luftschiffs bei Echterdingen im Jahr 1908 brachte das deutsche Volk eine Nationalspende von 6 Millionen Mark für den weiteren Bau des Luftschiffes auf. Vom 19. 1. 1915 bis zum 5. 8. 1918 flogen Zeppeline insgesamt 51 Luftangriffe auf englische Städte. Unter diesen Gesichtspunkten ist diese Szene und das Absingen des *Deutschlandliedes* zu sehen. – Siehe auch *Kasimir und Karoline* (Band 15).

70/181 *Fridericus rex* – Das Soldatenlied *Fridericus Rex, unser König und Herr* von Willibald Alexis (d. i. Wilhelm Häring; 1798-1871) erschien zuerst in dessen Roman *Cabanis* (1832).

Als Lied wurde es 1837 von Karl Löwe (1796-1869) vertont unter Verwendung der Friedrich dem Großen (1712-1886) zugeschriebenen Melodie des *Hohenfried(e)berger Marsches* (1745). Der Posener Militärkapellmeister Ferdinand Radeck (gest. 1903) verwendete Löwes Melodie in seinem Grenadiermarsch *Fridericus Rex*, dem Preußischen Armeemarsch Nr. 198.

erste Strophe des Deutschlandliedes – Das *Deutschlandlied* (*Das Lied der Deutschen* [1841] von Heinrich Hoffmann von Fallersleben (1798-1874), zur Melodie der *Kaiserhymne* von Franz Joseph Haydn [1732-1809] gesungen) wurde am 11. 8. 1922 durch den Reichspräsidenten Friedrich Ebert (1871-1925) zur deutschen Nationalhymne erklärt.

»*Träumerei*« *von Schumann* – Aus den 1838 entstandenen *Kinderscenen*, op. 15, Nr. 7 von Robert Schumann (1810-1856).

91/189 *Doppeladlermarsch* – *Unter dem Doppeladler* von J. F. Wagner (1856-1908), op. 159. Der Doppeladler war seit 1806 das Wahrzeichen des österreichischen Kaisertums.

–/190 *Menuett* – Französischer Hoftanz im ¾-Takt, Mitte des 17. Jhs. am Hof Ludwigs XIV. (1638-1715) eingeführt.

77/191 *altruistisch* – Selbstlos.

eingekastelt – Umgangssprachlich für: eingesperrt, inhaftiert.

–/192 *Ende gut, alles gut!* – Nach der Komödie *All's Well That Ends Well* (1602/03) von William Shakespeare (1564-1616).

81/194 *Der Mann ist ja nur . . .* – Textparallele zu *Der ewige Spießer* (Band 12).

−/195 *Die Tschechen* − Anspielung Horváths auf den Einspruch, den die Tschechoslowakei am 21. 3. 1931 gegen die Unterzeichnung des deutsch-österreichischen Zollunionvertrags erhob, da die geplante Zollunion gegen das Genfer Protokoll vom 4. 10. 1922 verstieß. Österreich hatte damals beim Völkerbund eine Anleihe in Höhe von 650 Millionen Goldmark auf 20 Jahre aufgenommen. Mitunterzeichnet wurde der Sanierungsplan von Großbritannien, Frankreich, Italien und der Tschechoslowakei, die sich verpflichteten, die »politische Unabhängigkeit, die territoriale Unverletzlichkeit und die Souveränität Österreichs zu achten«. − Siehe auch Erl. zu S. 10/102.

−/196 *Krieg ist ein Naturgesetz!* − Siehe auch: *Ein Kind unserer Zeit*, Bd. 14,224 u. 235 f.

−/197 *Gang nach Canossa* − Im Jahr 1077 suchte Kaiser Heinrich IV. (1056-1106) Papst Gregor VII. (1021-1085) in Canossa auf und erlangte durch seine Unterwerfung die Lösung vom 1076 ausgesprochenen Bann.

−/200 *Sieg und Platz* − Im Pferderennsport eine Wettart, die besagt, daß das Pferd zwar nicht als erstes durchs Ziel kam, sondern einen Platz unter den drei (bei größeren Rennen auch fünf) Siegerpferden belegte.

86/201 *Nur wer sich wandelt* − Zit. nach Friedrich Nietzsche (1844-1900), *Jenseits von Gut und Böse. Vorspiel einer Philosophie der Zukunft* (1886).

Denn so lang − Zit. nach Johann Wolfgang Goethes *Selige Sehnsucht* aus dem Gedichtzyklus *West-östlicher Divan* (1819/1827): »Und solange du das nicht hast, / Dieses: Stirb und Werde! / Bist du nur ein trüber Gast / Auf der dunklen Erde.«

88/− *Phönix* − In der ägyptischen Mythologie die Verkörperung des Sonnengottes; der Sage nach verläßt der Vogel Phönix alle 500 Jahre sein Land, baut sich anderswo ein Nest und erwartet den Tod. Sonnenstrahlen entzünden das Nest, Phönix verbrennt und steigt aus der Asche wieder neu auf.

90/–   *Ritter Blaubart* – 1697 erschienen in Paris *Histoires ou contes du temp passé avec des moralitez* (dt.: *Geschichten oder Märchen aus vergangener Zeit mit anschließender Moral*), acht bekannte Märchenstoffe, die Charles Perrault (1628-1703) unter dem Namen seines Sohnes Pierre Perrault Dannancour ausgewählt und niedergeschrieben hatte, darunter auch *Barbe-bleue*. Blaubart war der Beiname des Ritters Raoul, der die Neugierde seiner Frau prüfen wollte und ihr den Schlüssel zu einem Raum übergab, den sie nicht betreten durfte. Als sie die Probe nicht bestand, tötete er sie – und auch seine weiteren Frauen. Nur die letzte wurde von ihrem Bruder gerettet.

98/207   *Sadist* – Von Richard Freiherr von Krafft-Ebing (1840-1902) in seinem Werk *Neue Forschung auf dem Gebiet der Psychopathia sexualis* (1891) geprägter Begriff zur Kennzeichnung der sexuellen Neigung des Marquis de Sade (1740-1814): die Lust, anderen Schmerz zuzufügen.

         Gott gibt und Gott nimmt – Nach Job (Hiob) 1,21: »Nackt kam ich hervor aus dem Schoß meiner Mutter, und nackt kehre ich dorthin zurück. Der Herr hat gegeben, der Herr hat genommen, der Name des Herrn sei gepriesen!«

         Gott ist die Liebe – Nach dem ersten Johannesbrief 4,16: »Gott ist die Liebe, und wer in der Liebe bleibt, der bleibt in Gott, und Gott bleibt in ihm.«

Horváths zentrales Bühnenstück *Geschichten aus dem Wiener Wald*
entwickelte sich nach und nach aus Milieu und Figurenkreis anderer
Arbeiten, vor allem aus den etwa 1928 entstandenen Szenen mit dem
Titel *Ein Fräulein wird verkauft* (Band 15), die dann teilweise in der
Posse *Rund um den Kongreß* (Band 1) und auch in *Geschichten aus
dem Wiener Wald* wieder auftauchen.

Am 8. 6. 1931 kündigte die Zeitschrift ›Die Deutsche Bühne‹ Horváths *Geschichten aus dem Wiener Wald* in der Rubrik ›Neue Werke‹
erstmals als »Satir. Volksstück« an. In einem *Gespräch mit dem
Verfasser von »Italienische Nacht«*, das die ›Wiener Allgemeine Zeitung‹ vom 5. 7. 1931 veröffentlichte, sagte Horváth: *Geschichten aus
dem Wiener Wald, ein Wiener Volksstück ist die Arbeit, die ich eben
beendete; Reinhardt und Martin haben es bereits angekündigt und
einer von beiden wird es im Herbst in Berlin herausbringen.*

Am 17. 10. 1931 teilte der Ullstein Verlag Horváth brieflich die
Annahme von *Geschichten aus dem Wiener Wald* »für den Vertrieb
durch die Arcadia Verlag G.m.b.H.« mit und bestätigte ihm am Tag
der Uraufführung, daß im Propyläen Verlag auch eine Buchausgabe
erscheinen werde.

Am 2. 11. 1931 wurde Horváths *Volksstück in 3 Teilen (15 Bildern)*
im Berliner ›Deutschen Theater‹ in der Schumannstraße mit Lina
Woiwode (Die Mutter), Peter Lorre (Alfred), Frida Richard (Die
Großmutter), Willy Trenk-Trebitsch (Der Hierlinger Ferdinand),
Lucie Höflich (Valerie), Heinrich Heilinger (Oskar), Felicitas Koby-
lanska (Ida), Josef Danegger (Havlitschek), Paul Hörbiger (Rittmei-
ster), Carola Neher (Marianne), Elisabeth Neumann (Eine gnädige
Frau), Hans Moser (Zauberkönig), Hedwig von Lorré (Erste Tante),
Jula Benedek (Zweite Tante), Paul Dahlke (Erich), Sylva Havran
(Emma), Grete Jacobsen (Helene), Maria Secher (Dienstbote), Cäci-
lie Lvovsky (Baronin), Hermann Wlach (Beichtvater), Max Lammer
(Kavalier), Saluta Kobylanska (Mädchen), Karl Huszar-Puffy (Der
Mister) und Hans Ströhm (Conferencier) uraufgeführt. Regie führte
Heinz Hilpert, die Bühnenbilder stammten von Ernst Schütte, die
musikalische Leitung hatte Kurt Heuser (Faksimile des Programm-

heftes in: Traugott Krischke und Hans F. Prokop [Hg.], *Ödön von Horváth. Leben und Werk in Daten und Bildern*, Frankfurt/Main 1977, S. 119-139).

Die Zuerkennung des angesehenen Kleist-Preises durch Carl Zuckmayer am 30. 10. 1931 an Ödön von Horváth und Erik Reger schlug sich vor allem in den Rezensionen der rechtsorientierten Presse nieder (vgl. Traugott Krischke, *Ödön von Horváth und seine »Geschichten aus dem Wiener Wald«. Beiträge zu Biographie und Werk*, in: Traugott Krischke [Hg.], *Horváths »Geschichten aus den Wiener Wald«*, Frankfurt/Main 1983, S. 28-67).

Im Februar 1932 kündigte der Arcadia Verlag in seinem 10. *Flugblatt* als die »nächste Aufführung: Wien – Theater in der Josefstadt« an; Horváth schickte am 2. 1. 1933 *beiliegend »Wiener Wald«* an den Regisseur Berthold Viertel, in der Hoffnung, er würde das Stück inszenieren, denn, so hieß es in dem Schreiben, *dem Verlag habe ich schon vor einer Woche geschrieben betr. Regie. Ich würde mich riesig freuen.* In Hamburg planten die neu eröffneten Kammerspiele im Thalia-Theater die Inszenierung von *Geschichten aus dem Wiener Wald* für Ende der Spielzeit 1932/33 an, gespielt wurde aber dann, fünf Monate nach Hitlers Machtantritt, Nestroys *Einen Jux will er sich machen.* Auch die 1938 vom ›Deutschen Theater‹ in Brünn vorgesehene Inszenierung kam nicht mehr zustande. Erst 1948 wurden *Geschichten aus dem Wiener Wald* wieder gespielt und führten in Wien zu einem der größten Theaterskandale der Nachkriegszeit.

Als Vorlage für den Abdruck des Volksstückes *in sieben Bildern* diente das 104 Seiten umfassende Typoskript, dessen Titelblatt die hs Ergänzung Horváths *von Ödön Horváth* trägt. Titelblatt und die Seiten mit Personenregister und Motto sind mit *I* bis *III* paginiert; die nachfolgenden Textseiten von *1* bis *101*.

Der Abdruck des Volksstückes *in drei Teilen* folgt der Buchausgabe des Propyläen Verlages, Berlin (Copyright 1931 by Arcadia Verlag G.m.b.H., Berlin), die in einer broschierten und in einer gebundenen Ausgabe aufgelegt wurde.

Diese Buchausgabe ist weitgehend textidentisch mit einer als »unverkäufliche[s] Manuskript« vervielfältigten Ausgabe des Arcadia Verlages.

Der Text von *Geschichten aus dem Wiener Wald. Volksstück in sieben Bildern* wurde erstmals veröffentlicht in *Ödön von Horváth. Ein Lesebuch*, hg. v. Traugott Krischke, Frankfurt/Main 1976 (S. 147-230). Nach der Buchausgabe im Propyläen Verlag wurde *Geschichten aus dem Wiener Wald. Volksstück in drei Teilen* erstmals wieder in Ödön von Horváth, *Stücke*, hg. v. Traugott Krischke, Reinbek bei Hamburg 1961 (S. 51-115) abgedruckt.

Eine tschechische Übersetzung von Jiří Stach unter dem Titel *Povidky z Videnskeho lesa* erschien 1968 (zusammen mit *Die Unbekannte aus der Seine* und *Figaro läßt sich scheiden*) bei Orbis in Prag, die ungarische Übersetzung von Mészöly Deszö unter dem Titel *Mesél a bécsi erdö* erschien 1971 in der Zeitschrift ›Nagyvilág‹ und 1973 in ›Világszinpad‹. Unter dem Titel *Storio del bosco Viennese* folgte 1974 im Mailänder Verlag Adelphi die italienische Übersetzung von Umberto Gandini und Emilio Castellani in dem Auswahlband *Teatro Populare* (zusammen mit *Italienische Nacht, Kasimir und Karoline* und *Glaube Liebe Hoffnung*). Eine russische Übersetzung von J. I. Archipowa erschien (zusammen mit *Sladek oder Die schwarze Armee, Italienische Nacht, Kasimir und Karoline, Hin und her, Don Juan kommt aus dem Krieg* und *Figaro läßt sich scheiden*) in dem Sammelband *P'esy [Stücke]* 1980 in Moskau.

Die Erläuterungen zu den beiden Fassungen des Volksstücks *Geschichten aus dem Wiener Wald* versuchen, neben sprachlichen Hinweisen und Zitatnachweisen, vor allem den zeitgeschichtlichen Hintergrund und Anspielungen Horváths auf aktuelle Ereignisse darzulegen. Die erste der beiden Seitenzahlen nennt die erste Erwähnung eines Zitates oder Begriffs innerhalb der Fassung *in sieben Bildern*, die zweite Seitenzahl bezieht sich auf die erste Erwähnung innerhalb der Endfassung des Volksstücks *in drei Teilen*.

Für zahlreiche Hinweise zu Details des zeitgenössischen Hintergrunds ist der Herausgeber Herrn Alexander Fuhrmann, München, zu besonderem Dank verpflichtet.

Verzeichnis
der suhrkamp taschenbücher
Eine Auswahl